# AI 제국주의

AI문고

인공지능 시대입니다. 기계가 인간의 인지를 대신하고, 사물이 인간을 통하지 않고 다른 사물과 직접 커뮤니케이션합니다. 이에 따른 인간 삶과 문명 변화를 정확히 이해·예측·대응하는 것은 이 시대 우리 모두의 과제입니다. AI문고는 인공지능 기술과 환경의 여러 주제를 10가지 키워드로 정리합니다. 관련 개념과 이론, 학계와 산업계의 쟁점, 우리 일상의 변화를 다룹니다. 인간과 기술의 현재, 미래를 세심히 분석합니다.

일러두기

- 인명, 작품명, 저서명, 개념어 등은 한글과 함께 괄호 안에 해당 국가의 원어를 병기했습니다.
- 외래어 표기는 현행 어문규정의 외래어표기법을 따랐습니다.

처음이세요?

전문가세요?

# AI 제국주의

윤상오

대한민국, 서울, 커뮤니케이션북스, 2025

AI 제국주의

지은이 윤상오
펴낸이 박영률

초판 1쇄 펴낸날 2025년 7월 18일

커뮤니케이션북스(주)
출판 등록 2007년 8월 17일 제313-2007-000166호
02880 서울시 성북구 성북로 5-11
전화(02) 7474 001, 팩스(02) 736 5047
commbooks@commbooks.com
www.commbooks.com



ISBN 979-11-430-0429-1 03500

책값은 뒤표지에 표시되어 있습니다.

# 차례

# AI 제국주의 시대의 도래

인류 역사를 통틀어 어떤 국가도 넘쳐나는 힘을 아끼고 참는 경우는 없었다. 힘 있는 국가들은 끊임없는 정복욕 · 팽창욕 · 지배욕 · 탐욕으로 주변 국가를 침략하고 지배하고 수탈하는 제국주의 체제를 만들었다. 고대의 군사 제국주의와 대항해 시대의 중상주의적 제국주의를 지나 산업혁명 시기의 자본주의적 제국주의는 제2차 세계대전의 종식과 함께 종말을 고했지만, 새로운 제국주의가 다시 등장했다. 1990년대부터 국경도 없고 주인도 없으며 무한한 크기와 잠재력을 가진 사이버 신대륙이 만들어졌기 때문이다. 먼저 발견하고 먼저 깃발을 꽂는 자가 주인이 되는 사이버 신대륙은 수많은 IT(정보기술) 기업을 사이버 대항해와 선점 경쟁으로 이끌었다. 이 과정에서 거대하고 강력한 IT 공룡들을 앞세운 미국은 사이버 신대륙의 대부분을 점령하여 몽골제국이나 대영제국을 능가하는 역사상 최강의 제국을 만들었다. 그리고 2016년 알파고의 등장과 2022년의 챗GPT 등장을 계기로 사이버 제국주의는 AI 제국주의로 다시 한번 변모하고 있다.

AI는 모든 정보기술을 수렴하는 융합 기술이자 모든 기계의 성능을 높이는 촉진 기술이며, 모든 활동과 서비스에 적용되는 실용 기술이고, 모든 세상을 바꾸는 파괴 기술이자 누구나 사용하는 범용 기술이다. AI가 보편화되고 일상화되는 세상, AI 없이는 아무것도 할 수 없는 세상이 열리고 있다. AI를 장악하는 기업이 세계를 장악하고, AI를 지배하는 국가가 세계를 지배한다. AI는 세상을 움직이는 원동력이며, AI 역량이 국력이자 경쟁력이며 생존 전략이다.

## AI 제국주의의 본질

모든 제국주의의 원동력은 기술의 발달이다. 기술을 바탕으로 생산성을 늘리고 국력을 키워 주변국을 침략하고 수탈한다. AI 제국주의의 등장에도 기술의 발달이 결정적 영향을 미쳤다. AI 제국주의의 3대 기술 동인은 데이터, 알고리즘, 컴퓨팅 파워다. 인간처럼 생각하고 행동하는 복잡한 인공신경망 알고리즘, 이를 학습시키기 위한 거대 규모의 데이터, 복잡한 알고리즘에 거대 데이터를 돌리기 위한 강력한 컴퓨팅 파워가 그것이다. 현재 AI의 3대 요소를 완벽하게 모두 갖춘 나라는 미국이 거의 유일하다. 우리나라나 중국을 비롯한 AI 선진국들도 어느 정도의 기술 역량은 갖추고 있지만 미국에는 못 미친다. AI의 3요소를 갖출수록 세계시장을 장악하고 지배할 수 있지만 그렇지 못하면 종속과 착취의 식민지로 전락할 수 있다. AI 제국주의는 무력에 의한 강제 지배가 아니라 기술과 서비스를 이용한 자연스럽고 비강제적인 지배다. 경제적 · 기술적 · 안보적 지배뿐만 아니라 사회적 · 문화적 · 정신적 지배로 이어진다. 선점 효과와 격차 효과 때문에 한번 시작된 지배와 종속 관계는 바꾸기도 어렵다. 이미 세계는 극소수의 AI 제국과 소수의 AI 독립국 그리고 대다수의 AI 식민지 체제로 재편되고 있다.

## AI 제국주의의 양상

AI 세계체제는 중심부의 AI 제국, 반주변부의 AI 독립국, 주변부의 AI 식민지로 구성된다. 미국은 압도적인 우위로 AI 세계체제의 가장 중심부(core)를 차지하고 있고, 중국은 이에 강력한 도전장을 내밀고 있다. 애플, 아마존, 알파벳, 메타, 마이크로소프트, 엔비디아, 테슬라 등 '매그니피센트 7' AI 공룡들을 앞세운 미국의 힘은 막강하다. 중국은 14억 인구의 방대한 내수 시장, 엄청난 데이터, 풍부한 전문 인력을 바탕으로 BATH(Baidu, Alibaba, Tencent, Huawei)를 앞세워 만만찮은 힘으로 미국을 위협하고 있다. 두 제국 간의 AI 패권 전쟁은 자국의 데이터를 보호하고 유출을 방지하려는 데이터 전쟁, 챗GPT와 딥시크를 앞세운 초거대 AI 파운데이션 모델 전쟁, 중국의 반도체 굴기와 미국의 봉쇄 정책이 부딪치는 반도체 칩 전쟁으로 나타나고 있다. 한국, 프랑스, 영국, 독일, 이스라엘, 싱가포르, 인도, 일본 등 반주변부 독립국들은 미 · 중 AI 패권 전쟁 틈바구니에서 위태로운 줄타기를 하며 중심부 국가로 들어갈 기회를 엿보고 있다.

AI의 또 다른 양상은 외연적으로 국가 간 격차, 내면적으로 계층 간 격차의 심화다. AI 제국 미국의 경제력과 국력은 다른 국가들을 압도한다. 현재 세계 최고기업 20개 중 미국 기업이 16개나 된다. 애플이나 엔비디아 등 AI 공룡 하나의 시가총액이 우리나라나 유럽 선진국 웬만한 나라 주식시장 시가총액이나 연간 국내총생산(GDP)을 훨씬 능가한다. 1980년대까지만 해도 유럽연합(EU)의 경제 규모는 미국과 비슷했지만 지금은 캘리포니아의 경제 규모가 영국을 능가하고, 텍사스와 뉴욕을 합치면 그 경제 규모는 경제 대국 독일을 능가한다.

일본도 1980년대까지 세계 20대 기업 중 17개를 차지하고 미국 GDP의 52%가 넘는 세계 2위의 경제 대국이었지만, 지금은 세계 기업 순위를 40위까지 넓혀도 단 하나의 일본 기업도 없으며 GDP도 미국의 14% 이하로 쪼그라들었다. 미국이 1990년대부터 현재까지 IT 혁명과 인터넷 혁명을 거쳐 AI 혁명을 주도하면서 수많은 빅테크와 AI 공룡들을 길러 낼 동안 유럽이나 일본은 단 하나도 길러 내지 못한 결과다. 앞으로 국가 간의 격차는 더욱 커질 것이다.

AI 제국주의는 내면적으로도 심각한 모순과 문제를 안고 있다. 근대 자본주의에서 소수 자본가와 대다수 노동자 사이의 빈부 격차가 극심했던 것처럼, AI 제국주의에서도 극소수 AI 귀족과 대다수 AI 노예 사이의 빈부 격차가 극심해지고 있다. 특히 AI로 인한 자동화 · 무인화 · 자율화는 블루칼라는 물론이고 고소득 전문직 화이트칼라 직업까지 무차별적으로 침범하면서 직업의 대학살을 넘어 직업의 대멸종을 가져오고 있다. 고용 없는 성장과 임금 상승 없는 성장도 보편화되고 있다. 대다수 노동자는 잉여 인간, 무용 계급으로 전락하고 있으며, 극심한 경제적 · 사회적 양극화는 체제 안정을 위협하는 시한폭탄이 되고 있다.

## AI 제국주의 시대의 생존 전략

AI 제국주의 체제에서 미국과 중국 간의 패권 전쟁은 국가의 명운을 걸고 치열하게 벌어지고 있다. 한때 세계를 지배하며 제국으로 군림했던 EU와 일본도 미 · 중의 뒤를 잇는 AI 제국으로 도약하기 위해 국가 차원에서 총력을 기울이고 있다. 그러나 거대한 AI 공룡들을 앞세우고 천문학적인 투자를 쏟아붓는 미국과 중국의 틈바구니에서 살아남는 것 자체가 버거울 수도 있다. 우리나라도 1990년대부터 시작한 강력한 정보화 정책과 IT 혁명의 성공으로 미국과 중국 다음가는 AI 강국으로서의 위상을 지켜 왔다. 그러나 미국의 파상 공세와 중국의 부상, 상대적으로 작은 내수시장, 그래픽처리장치(GPU) 칩 확보의 어려움, 지나친 규제, 불안정한 정치 상황 등으로 여기저기서 빨간불이 들어오고 있다. 자칫 잘못하면 AI 중심국 진입은커녕 식민지 주변국으로 전락할 수도 있다. AI 제국주의 체제에서 독립과 주권을 지키며 강력한 언더독으로 살아남을 생존 전략이 반드시 필요하다. 정보화 정책의 성공 경험을 바탕으로 한 선택과 집중의 강력한 AI 정책, 경성 규제 · 강제 규제 · 사전 규제 중심에서 연성 규제 · 자율 규제 · 사후 규제 중심으로 규제 패러다임의 전환, 우리만의 독자적인 파운데이션 모델을 기반으로 산업별 · 기관별 · 서비스별 경량 · 특화 · 응용 AI 모델과 서비스 개발 및 보급, 독자적인 AI 생태계 구축과 적극적인 해외 진출 및 현지화 전략도 필요하다.

## 이 책의 구성

이 책은 AI 제국주의의 등장과 전개, 주요 특징과 양상, AI 제국주의 시대의 생존 전략을 중심으로 다음과 같은 내용으로 구성했다. 제1장과 제2장에서는 제국주의의 역사와 AI 제국주의의 등장 그리고 신국제질서에 대해서 살펴본다. 제3장과 제4장에서는 AI 제국주의 형성의 핵심 요인, AI 주권의 개념과 구성 요소에 대해서 살펴본다. 제5장과 제6장에서는 AI 제국주의의 외연적 특징으로서 국가 간 격차와 지배 · 종속, 내면적 특징으로서 계층 간 격차와 불평등 및 해소 방안에 대해 살펴본다. 제7장에서는 AI 거대 제국인 미국과 중국 간 패권 전쟁의 전개 과정과 전망을 살펴보고, 제8장과 제9장에서는 AI 제국주의 시대의 생존과 발전을 위한 유럽과 일본의 상황과 대응 전략을 살펴본다. 제10장에서는 우리나라의 AI 상황과 취약점을 살펴보고 생존 전략을 제시한다.

## 01
# 제국주의의 역사

제국주의는 강대국이 약소국을 침략하여 식민지화하고 지배와 종속 관계를 구축하여 지속적 · 장기적으로 이익을 수탈하는 체제다. 제국주의는 중세 이전의 군사적 제국주의, 대항해 시대의 중상주의적 제국주의, 산업혁명기의 자본주의적 제국주의를 거치면서 계속 확장되다가 두 번의 세계대전을 거치면서 해체의 길로 접어들었다. 그러나 제3차 산업혁명과 함께 출현한 '사이버 신대륙'을 두고 'IT 공룡'을 앞세운 미국을 중심으로 세계시장을 점령하고 지배하려는 신제국주의가 다시 등장했다.

AI와 1인 창업?

## 제국주의란 무엇인가

제국주의는 강대국이 강력한 군사력을 활용하여 약소국을 강제로 점령하고 군사적 · 정치적 · 경제적 · 문화적으로 지배하는 정책이나 체제다(위키백과). 제국주의가 나타나는 근본 원인은 더 넓은 영토를 차지하고 더 큰 국가를 건설하려는 팽창주의 그리고 자기 나라의 이익을 극대화하려는 이기주의 때문이다. 강자가 약자를 지배하고 약자는 강자에 복종하는 약육강식의 법칙을 국가 간 관계에 그대로 적용한 것이 제국주의다.

제국주의의 사상적 또는 이론적 기반은 우생학과 사회진화론에서 찾을 수 있다. 우생학이란 모든 인간은 동등하지 않으며 유전적 우수성에 따라 서열이 있다는 것이다. 세상은 우수 인간과 열등 인간, 우수 종족과 열등 종족, 우수 민족과 열등 민족으로 구성되어 있으며, 우수 종족이 열등 종족을 지배하는 것이 당연하다는 논리다. 히틀러의 독일 제3제국은 '아리아인'을 세계 최고의 우수 종족이라 여겼고 아리아인이 지배하는 위대한 제국 건설을 꿈꿨다. 이들은 독일이 주변의 열등 종족을 지배하는 것은 당연하며, '유대인'은 가장 사악한 종족으로 멸종시켜야 한다고 생각했다. 중국 대륙에서 흥망을 거듭했던 모든 제국도 주변국을 열등한 오랑캐로 치부하고 지배를 정당화하고 복종을 강요했다. 영국, 프랑스, 스페인 등 서구 제국주의 국가들도 아프리카나 아메리카나 아시아의 원주민들을 미개하고 열등한 종족으로 여기고 침략과 지배를 당연하게 여겼다. 더 나아가서 이들은 열등 종족을 지배하는 것뿐만 아니라 개화시키고 문명화시키는 것을 사명으로 여기기도 했다. 자국의 문화 우월주의에 기반하여 약소국의 문화와 전통을 말살하고 자국의 문화를 강제로 주입하려는 문화제국주의가 그것이다. 중국 제국들은 끊임없이 주변 오랑캐 국가들을 지배하면서 중화사상을 전파하려 하였고, 영국이나 프랑스, 스페인 등의 서구 제국들도 식민지 국가에 기독교 사상에 기반한 서구 문화를 강제로 주입하려 했다.

약간 다른 차원에서 제국주의의 또 다른 이론적 기반은 '사회진화론'이다. 그 기원은 인류 지성사를 바꾼 위대한 저작으로 꼽히는 찰스 다윈(Charles Darwin)의 《종의 기원(The Origin of Species)》에서 찾을 수 있다. 그에 의하면 지구상에 존재하는 모든 종은 환경에 적응하고 경쟁에서 살아남은 자연선택(natural selection)과 진화의 결과다. 생태계에는 경쟁 관계에 있는 여러 종 간에 끊임없는 생존 경쟁이 펼쳐지는데 그 속에서 우월한 특질을 가진 종은 살아남고 열등한 종은 도태된다. 진화론의 논리를 그대로 인간 사회에 적용한 것이 사회진화론이다. 인간 생태계에서도 끊임없는 경쟁이 일어나는데 약육강식의 법칙에 따라 강자가 약자를 지배하고, 강대국이 약소국을 지배하는 것이 당연하다는 것이다.

이러한 논리에 따라 강대국은 약소국을 침략하여 식민지로 삼았다. 사람들을 노예화하여 절대 복종을 강요하고, 저항하는 사람들을 대량으로 학살했다. 자원을 수탈하고, 문화를 말살하는 행위들도 서슴지 않고 자행했다. 여기에는 어떠한 윤리적·도덕적 고려도 없고, 법적 제한도 없으며, 양심의 가책이나 거리낌도 없었다. 이것은 신의 섭리이자 자연의 법칙이며, 하늘로부터 부여받은 사명이라는 인식까지도 갖고 있었다. 제국주의하에서 식민지 약소국 주민들은 주권은 물론이고 정치적 권리와 경제적 자유를 박탈당하고 문화와 사상을 지배당하면서 수탈과 착취에 따른 비참한 노예의 삶을 살아야만 했다.

## 제국주의 성립 조건과 전개 과정

강대국이 약소국을 침략하고 지배하는 제국주의가 성립하기 위해서는 다른 나라들을 압도하는 국력이 필요하다. 이를 위해서는 첫째, 과학기술이 발달해야 한다. 과학기술의 발달은 산업의 발달을 가져오고 국력의 신장을 가져오는 원동력이기 때문이다. 서구 열강들이 제국의 반열에 오르게 된 가장 근본적인 원인은 '증기기관'을 필두로 기계 기술과 제조 기술의 발달에 따른 산업혁명이 있었기 때문이다. 강성해진 국력은 자연스럽게 팽창주의에 따라 주변국이나 약소국을 점령하려는 움직임으로 나타난다. 둘째, 강력한 중앙집권적 통일국가를 이루고 있어야 한다. 국가 차원에서 타국을 침략하고 지배하기 위해서는 강력한 왕권을 바탕으로 일사불란한 지휘체계가 필요하다. 유럽에서 산업혁명 시기에 영국, 프랑스 등에 비해서 독일이나 이탈리아가 식민지 쟁탈전에서 뒤처진 결정적인 이유가 바로 통일왕조 국가를 갖지 못했기 때문이다. 셋째, 강력한 군사력이다. 고대부터 현대에 이르기까지 강력한 군사력에 바탕을 두지 않는 제국은 존재하지 않았다. 제국주의의 가장 본질은 군사력을 활용한 무력 점령, 무력 지배이기 때문이다

제국주의는 몇 개의 단계를 거쳐서 순차적으로 형성된다. 첫 단계는 무력 침략이다. 강력한 군대를 동원하여 약소국을 강제로 점령한다. 침략과 점령이 마무리되면 두 번째 단계로 지배 체계를 구축한다. 점령지를 식민지화하고 지속적이고 안정적으로 지배하기 위하여 지배

기구와 기관을 설치한다. 중국 한나라 제국이 주변 오랑캐 점령지에 도독부를 설치하거나, 일본제국이 우리나라에 조선총독부를 설치하고 만주에 만주국을 설치한 것이나, 대영제국이 인도나 북아메리카에 총독부를 설치한 것이 대표적이다. 이때 식민지의 저항이나 반발을 억제하기 위하여 일부 군사력을 주둔군의 형태로 현지에 배치하기도 한다. 세 번째 단계는 식민지 착취 경제 체제 구축이다. 핵심은 식민지의 주요 자원과 물자를 본국으로 가져가고, 본국에서 생산된 상품을 식민지에 판매하는 방식이다. 장기적이고 지속적으로 식민지의 이익을 본국으로 빨아들이기 위한 '빨대'를 구축하는 것이 핵심이다. 이를 위해서는 본국 정부나 식민지 총독부가 직접 나서기도 하지만 기업을 앞세우는 경우가 많다. 일본이 한반도에 동양척식주식회사를 세우거나 영국이 인도에 동인도 회사를 세운 이유가 여기에 있다. 네 번째 단계는 식민지 주민들을 노예화하고 저항을 억제하기 위한 정신적 지배 체제 구축이다. 식민지의 전통과 문화를 말살하고 본국의 문화를 이식하여 저항 의식을 버리고 무조건 복종하도록 만드는 것이 핵심이다.

## 제국주의의 역사

지금까지의 역사에서 제국주의의 첫 번째 모습은 '군사적 제국주의'다. 중세 이전까지의 제국주의는 강력한 군사력을 동원하여 주변국을 점령하는 제국주의가 보편적이었다. 서양의 로마제국이나 동양의 몽골제국이 대표적이다. 이 시기의 제국주의는 영토 확장과 인력 수탈이 주된 목적이다. 농업을 기반으로 하는 농경 사회에서 가장 핵심 자원인 토지와 노동을 차지하기 위해서다. 이 시기의 제국들은 주변국을 침략하고 토지에서 생산되는 작물을 수탈하고, 사람들을 잡아다 노예로 활용하는 노예 경제를 운영했다.

제국주의의 두 번째 단계 모습은 1492년 콜럼버스의 아메리카 대륙 도착과 함께 시작된 '중상주의적 제국주의'다. 산업혁명이 시작되기 전의 중상주의는 산업생산보다는 무역을 통해서 발전을 도모하고자 하였으며, 국가의 부는 금과 은의 보유량에 의해서 결정된다고 보았다. 이 시기에는 나침반과 선박 제조 기술 그리고 항해술을 비탕으로 신대륙을 찾아 금과 은을 약탈하기 위한 '대항해 시대'가 본격화되었다. 스페인과 포르투갈을 선두로 영국이나 프랑스 등의 서구 열강들은 아메리카, 아프리카, 동남아시아 등에 앞다퉈 달려가 식민지를 건설했다. 그리고 식민지에서 생산되는 모든 금과 은을 비롯하여 본국 시민들이 선호하는 사탕수수(설탕)와 향신료(후추) 등을 수탈하는 데 열을 올렸다. 또한 식민지를 서로 차지하려고 제국 간에 전쟁도 마다하지 않았으며, 식민지 사람을 잡아다 상품으로 파는 노예 무역도 보편화되었다. 문명의 시대이자 야만의 시대였다.

제국주의의 세 번째 모습은 산업혁명과 함께 일어난 '자본주의적 제국주의'다. 과학기술의 발달로 일어난 산업혁명은 기계공업과 제조업을 바탕으로 하는 자본주의를 탄생시켰다. 산업혁명은 생산성 폭발을 통해 서구 선진국들의 국력을 급속히 신장시켰다. 이들 국가는 막강한 경제력으로 강대한 군사력을 길러 식민지 건설에 더욱 박차를 가했다. 또한 이 시기에는 전 세계가 소수의 제국과 다수의 식민지로 재편되어 제국도 아니고 식민지도 아닌 독립국을 거의 찾아볼 수 없는 지경까지 이르렀다. 자본주의적 제국주의에서는 식민지를 자원 공급과 상품 시장이라는 다목적 용도로 활용하여 식민지 수탈을 더욱 심화했다. 식민지는 본국 공업 생산에 필요한 모든 물자와 자원을 값싸게 공급하고, 본국에서 생산된 상품을 비싸게 소비하는 다목적 역할을 수행했다. 자본주의적 제국주의의 또 다른 특징은 제국과 식민지 간의 지배와 착취뿐만 아니라 제국 내부에서 소수의 자본가와 다수의 노동자 간에 지배와 착취도 극심하였다는 점이다. 자본주의적 제국주의에서는 제국의 황제와 권력자, 귀족, 자본가 등 극소수 지배계층만 부유하고 나머지 노동자들은 비참하고 가난한 삶을 사는 것이 일반적이었다. 카를 마르크스(Karl Marx)의 사회주의 사상이 탄생하게 된 이유도 여기에 있다.

## 제국주의의 현재와 미래

영원할 것 같은 자본주의적 제국주의는 제1차 세계대전 이전까지의 전성기를 뒤로하고 두 번의 세계대전을 치르면서 해체의 길로 접어들었다. 더 많은 식민지를 차지하려는 제국들의 열망은 충돌을 불러왔고, 두 번의 세계대전은 승자나 패자 모두에게 치명상을 안겼다. 결국 세계대전이 끝나자 제국주의가 해체되면서 대부분의 식민지가 앞다퉈 독립을 이뤘다. 그러나 제국주의가 완전히 없어진 것은 아니었다. 그 모습만 바꿔서 다시 등장했다. 무력으로 식민지를 점령하고 이익을 수탈하는 경성(hard) 제국주의는 사라졌지만, 다국적 기업을 앞세우고 문화를 앞세워서 세계시장을 점령하고 상품을 판매하고 문화를 전파하여 물질과 정신을 지배하는 연성(soft) 제국주의가 다시 나타났다. 특히 제3차 산업혁명과 함께 등장한 정보통신과 인터넷은 기존에 없던 사이버스페이스라는 신대륙을 만들어 냈다. 무한한 가치를 가진 사이버 신대륙을 차지하기 위한 선진국 간의 '사이버 대항해 시대'가 시작되었으며, 군대가 아니라 'IT(정보기술) 공룡'들을 앞세운 사이버 침략 전쟁과 디지털 식민지 건설이라는 제국주의의 시대가 다시 전개되었다.

### 참고문헌


나무위키(2025). 제국주의. https://namu.wiki/w/%EC%A0%9C%EA%B5%AD%EC%A3%BC%EC%9D%98

Darwin. C.(1859). *The Origin of Species by Means of Natural Selection*. John Murry. 장대익 옮김(2019). 《종의 기원》. 사이언스북스.

# 02
# AI 제국주의와 신국제 질서

AI는 모든 정보기술을 수렴하는 융합 기술이자 모든 기계의 성능을 높이는 촉진 기술이며, 모든 활동과 서비스에 적용되는 실용 기술이다. AI를 장악하는 자가 세계를 장악하고, AI를 지배하는 자가 세계를 지배한다. 미국은 전 세계 AI를 지배하는 유일 최강 제국을 향해 앞서 나가고 있고, 중국은 이에 맞서 강력한 도전장을 내밀고 있다. 우리나라를 비롯한 일부 선진국들은 거대 AI 제국의 틈바구니에서 AI 주권과 독립을 지키기 위해 노력하고 있지만, 대부분의 나라들은 AI 식민지로 전락하여 AI 제국의 지배와 착취에 종속될 위험에 처해 있다.

AI와 MBTI?

## 사이버 신대륙의 출현과 신대항해 시대

2차 세계대전 이후 대부분의 식민지 국가는 독립을 이뤘다. 영토를 강제로 점령하고 지배하는 방식의 제국주의 시대는 막을 내렸다. 세계의 모든 영토는 국경선에 의해 주인이 정해졌으며, UN(국제연합) 등 국제기구의 등장과 함께 무력 침공과 강제 점령은 더 이상 국제사회에서 통용되기 어렵게 되었다. 그러나 1990년대를 기점으로 상황이 변하기 시작했다. 기존에 존재하지 않던 새로운 영토가 만들어지고 있었기 때문이다. 이 영토는 주인도 없고 국경도 없으며 크기의 제한도 없는 무한한 잠재력을 갖는 신대륙이었다. 바로 인터넷을 중심으로 정보통신기술이 만들어 낸 사이버스페이스(Cyberspace)가 그것이다. 인류가 수만 년 동안 살아온 공간과는 전혀 다른 신대륙의 등장으로, 인류 문명의 패러다임은 오프라인에서 온라인으로 이동하게 되었다.

사이버 신대륙은 정보통신기술의 발달에 따라 창조된 공간이다. 1950년대부터 본격적으로 등장한 컴퓨터, 1970년대부터 태동을 시작한 인터넷이 1990년대에 서로 결합하면서 만들어진 공간이다. 기존에 소수의 화이트칼라 전문가들이 사용하던 컴퓨터와 인터넷이 PC(개인용 컴퓨터)와 월드와이드웹(WWW)의 등장으로 일반 시민들 누구나 사용할 수 있는 범용 기술로 확장된 것이 가장 큰 계기다. 세상에 존재하는 모든 PC가 WWW에 의해 연결됨으로써 전 세계를 연결하는 거대한 사이버 신대륙이 만들어졌다. 사람들은 너도나도 사이버 공간에 몰려들어 자리를 잡기 시작했고 실제 공간의 모든 활동이 사이버 공간으로 옮겨 가기 시작했다. 사이버 신대륙은 그 끝을 알 수 없고 그 가치를 추정할 수 없는 신세계나 마찬가지였다. 사이버 신대륙을 먼저 차지하기 위한 '신(新)대항해 시대'도 본격적으로 막을 올렸다. 먼저 점령하고 깃발을 꽂기 위해 IT(정보기술) 기업 간, 국가 간에 치열한 경쟁도 시작되었다. 사이버 신대륙을 항해할 수 있는 웹브라우저, 사이버 대륙 곳곳을 쉽게 찾아갈 주소를 검색하고 연결해 주는 검색엔진과 포털 플랫폼, 사이버 공간에서 서로 만나고 소통하고 공유할 수 있는 SNS(소셜 네트워크 서비스), 물건을 사고팔기 위한 쇼핑몰, 사이버 공간에서 놀 수 있는 게임 등을 두고 치열한 선점 경쟁이 벌어졌다. 사이버 신대륙과 오프라인 실제 공간을 수시로 쉽게 넘나들 수 있는 도구를 제공하는 PC와 스마트폰 그리고 이것을 작동시키는 소프트웨어(SW)를 장악하기 위한 경쟁도 치열하게 벌어졌다.

사이버 대항해 시대의 가장 큰 특징은 선점 효과에 있

다. 먼저 깃발을 꽂으면 다 차지할 수 있다. 그 결과가 현재 우리가 보고 있는 'IT 공룡' 또는 '빅테크' 기업들이다. 1990년대까지 세계시장을 주름잡으며 세계 최고 기업의 자리를 차지하던 자동차, 석유화학, 중공업 등 제조업체가 급속히 밀려나고 그 자리를 구글, 메타, 애플, 아마존, 마이크로소프트, 엔비디아 등 IT 기업들이 차지했다. 실제로 2024년 기준으로 구글은 전 세계 검색엔진의 90% 이상을 차지하고 있고(오로라, 2024), 마이크로소프트는 전 세계 PC 운영체제의 73.9%를 차지하고 있으며(위키백과), 2023년 기준으로 애플은 전 세계 스마트폰 수익의 85%를 차지하고 있다(윤진우, 2023). 이 밖에도 메타('페이스북' 운영사), X(구 트위터), 아마존 등 미국의 IT 공룡들은 사이버 신대륙의 대부분을 차지하는 거대한 제국으로 자리 잡았다. 기존 어떤 제국도 하지 못한 세계 점령을 IT 기업들이 해낸 것이다.

## AI 제국주의의 탄생

사이버 신대륙을 향한 여정의 패러다임은 인터넷에서 스마트폰을 거쳐 AI로 이동하고 있다. 인터넷 이전과 이후의 세상이 다르고, 스마트폰 이전과 이후의 세상이 다르듯이, 2022년 등장한 챗GPT는 세상을 AI 이전과 이후로 나눌 수 있을 정도로 큰 충격을 주었다. 본격적으로 AI의 시대가 시작된 것이다. 1990년대부터 2000년대까지의 사이버 대항해 경쟁은 검색 포털과 플랫폼 전쟁이었다. 사이버 공간에 접속하는 관문 역할을 하는 포털과 플랫폼을 장악하면 이후의 모든 사이버 공간 활동을 장악할 수 있었기 때문이다. 실제로 구글은 전 세계 검색엔진 시장의 대부분을 장악하여 사이버 공간을 지배하는 절대강자로 군림했다. 2010년대부터 급속히 등장한 스마트폰은 PC의 시대를 넘어 스마트폰의 시대를 활짝 열었다. 스마트폰은 모든 사람의 손에 사이버 신대륙으로 들어가서 활동할 수 있는 도구를 쥐여 줬다. 이제 전 세계 대부분의 사람은 손바닥에 있는 스마트폰을 통해서 언제 어디서나, 심지어는 잠잘 때를 빼고는 항상 사이버 공간에 접속하여 모든 일을 보고 있다. 애플이 세계 최고의 기업이자 사이버 신대륙을 지배하는 제국으로 우뚝 선 것은 당연한 일이다. 2016년 '알파고 쇼크'를 기점으로 AI에 대한 관심이 폭발하면서 세상은 또 한 번 요동쳤다. 2022년 등장한 챗GPT는 인류가 한 번도 경험하지 못한 새로운 세상으로 이끌고 있다. AI는 단순한 정보기술이 아니다. AI는 세상의 모든 정보기술을 수렴하는 '융합 기술'이며, 세상의 모든 기계의 성능을 높이는 '촉진 기술'이고, 세상의 모든 업무와 서비스에 활용되는 '실용 기술'이다. 모든 정보기술이 AI를 중심으로 융합·재편되고 있고, 자동차와 항공기를 비롯한 모든 기계가 AI 기반으로 작동·제어되기 시작했으며, 금융이나 보험이나 보건의료나 공공서비스를 비롯한 모든 서비스가 AI 기반으로 제공되고 있다. 세상의 모든 기계, 모든 장치, 모든 업무, 모든 서비스, 모든 활동에 AI가 접목되는 AI 보편화 세상, AI 일상화 세상, AI 만능화 세상이 펼쳐지고 있다. 이제 인터넷을 시작으로 펼쳐진 사이버 대항해 시대는 AI를 통해서 주인이 가려질 것이다. AI를 지배하는 자가 세상을 지배하게 된다.

문제는 AI를 만들 수 있는 국가가 세계에서 몇 안 된다는 점이다. AI를 만드는 데 필요한 고성능 칩(Chip), AI 학습에 필요한 방대한 데이터, AI 알고리즘을 설계할 전문 인력을 모두 갖춘 나라는 미국을 제외하고는 거의 없다. 세 가지 요소 중에서 일부라도 갖춰 AI 시장에 뛰어들 수 있는 나라도 중국, 프랑스, 한국, 영국, 독일, 이스라엘, 싱가포르, 인도 등 극소수에 불과하다. 이제 미국은 오픈AI를 비롯하여 구글, 메타, 마이크로소프트, 애플, 엔비디아 등을 앞세워 전 세계 AI 시장을 장악하는 유일 최강 제국으로 도약하고 있다. 반면에 자체적인 AI

기술력을 보유하지 못한 대부분의 국가는 AI 식민지로 전락할 위기에 처해 있다. 로마제국이나 몽골제국, 대영제국 등 과거의 어떤 제국도 이루지 못한 세계 제패의 최강 제국 탄생이 목전에 와 있다. AI 제국과 식민지 간의 지배와 종속은 한번 만들어지면 여간해서는 깨뜨리기 어렵다. AI 종속국들이 식민지 상태에서 벗어날 방법은 AI를 쓰지 않는 것밖에 없기 때문이다. AI 일상화 시대에 AI를 쓰지 않는 것은 불가능하다.

## AI에 의한 신국제 질서의 형성

AI는 기존의 국제 질서에도 영향을 미치고 있다. 이것은 AI가 국가 경제의 성장과 발전은 물론이고 국가 안보와 생존에도 결정적인 영향을 미치는 안보 자산이자 전략 자원이기 때문이다. AI를 중심으로 일극 체제를 꿈꾸는 미국에 가장 적극적인 도전장을 내민 나라는 중국이다. 중국은 자체 포털 플랫폼과 스마트폰 등을 바탕으로 14억의 인구가 생산해 내는 방대한 데이터를 보유하고 있으며, 거대한 IT 기업과 풍부한 IT 전문 인력을 바탕으로 미국에 도전장을 내밀고 있다. 그러나 반도체와 칩 분야의 치명적인 약점으로 언더독(underdog)의 위치에 있다. 그럼에도 자체적인 '반도체 굴기'를 앞세워 칩 역량을 강화하려 하고 있고, 저사양 칩으로 고성능을 발휘하는 '딥시크'와 같은 AI를 개발하고 있으며, 동맹을 모으기 위해 오픈소스 전략을 채택하는 등 국가 차원의 다양한 노력을 하고 있다.

미국과 중국이 AI 제국을 꿈꾼다면 나머지 나라들은 제국의 틈바구니에서 식민지로 전락하지 않고 AI 주권(Sovereign AI)과 독립을 지키기 위한 전략을 채택하고 있다. 우리나라는 자체 플랫폼을 통한 데이터, 세계 최고의 메모리 반도체 생산력을 바탕으로 한 하드웨어 칩 역량, IT 선진국으로서 보유한 전문 인력 등을 바탕으로 자체 AI를 개발하고 실용화하는 몇 안 되는 AI 독립국 중 하나다. 엔비디아가 독점하고 있는 고성능 그래픽처리장치(GPU) 칩 확보에 어려움을 겪고 있지만 정부 차원의 적극적인 대처 움직임까지 보이는 등 노력하고 있다. 프랑스는 AI 4대 천왕 중 요슈아 벤지오(Yoshua Bengio), 얀 르쾽(Yann Le Cun) 등 두 명을 배출한 유럽의 AI 강국으로서 정부의 강력한 지원하에 '미스트랄AI'라는 자체 초거대 생성형 AI를 만드는 등 미국과 중국의 틈새시장의 한 자리를 차지하려 하고 있다. 이 외에 영국, 독일, 싱가포르, 이스라엘, 인도 등도 AI 국제 질서에서 주변부로 밀려나지 않고 중심부의 한 자리를 차지하기 위해 노력하고 있다. 한때 세계 최고의 제조 강국이자 미국 다음가는 경제 대국이었던 일본은 IT 전환에 실패하면서 급속히 경쟁력을 잃어 갔다. 이에 일본 정부는 소프트뱅크 등의 기업을 앞세워 AI 독립국으로 살아남기 위해 노력을 경주하고 있다. 그러나 반도체 경쟁력을 한국과 대만에 완전히 넘겨주었고, 자체 플랫폼과 소셜 네트워크 서비스(SNS)가 없어 데이터 확보도 어려우며, IT 전환 실패로 전문 인력도 부족하여 위기 상황은 계속되고 있다. 그 외 대부분의 나라는 AI 식민지로 전락할 위험에 처해 있다. 구글과 메타, X 등을 통해 플랫폼을 장악당해 자체 데이터를 확보하기도 어렵고, 고성능 알고리즘을 설계할 전문 인력도 없으며, 자체적인 반도체와 GPU 칩을 제조할 능력도 없기 때문이다. 이들은 향후 시간이 지날수록 AI 식민지로서의 지위를 벗어나기가 점점 어려워지며 지배와 종속 관계가 영속화될 가능성이 크다. 날마다 하루 종일 미국이 만든 스마트폰으로, 미국이 만든 구글에서 검색하고, 미국이 만든 SNS로 소통하고, 미국이 만든 챗GPT로 업무를 보고, 미국이 만든 유튜브에서 놀기 때문이다. 이는 경제적 종속, 물질적 종속을 넘어 문화적 종속, 정신적 종속으로 이어지고, 궁극적으로는 일상의 모든 것이 종속되는 결과를 가져온다. 기존의 제국주의와 달리 AI 제국주의가 무서운 점은 지배와 종속이 강압적이고 폭력적이지 않고 부드럽고 자연스러우며 자발적이고 지속적이라는 것이다.

## 참고문헌


오로라(2024.5.6). "구글 '검색 철옹성'에 금이 갔다...점유율 6년만에 90%대로". 《조선일보》. https://www.chosun.com/economy/tech_it/2024/05/06/HSB6ILGGIBBKBFUT2JZ6AUGBC4/

위키백과. "운영체제 시장점유율". https://ko.wikipedia.org/wiki/운영체제_시장_점유율

윤진우(2023.8.14). "아이폰의 힘" 애플, 세계 '스마트폰' 영업익 85% 차지...삼성은 12% 그쳐. 《조선비즈》. https://biz.chosun.com/it-science/ict/2023/08/14/7EJTPZEBKFAPXBJ7LICJRX72DQ/

## 03
# AI 제국주의 형성의 핵심 요인

AI 제국주의 형성의 3요소는 데이터, 알고리즘, 컴퓨팅 파워다. AI 학습에 필요한 방대한 데이터, 인간처럼 생각하는 AI를 위한 복잡한 알고리즘, 방대한 데이터를 복잡한 알고리즘으로 학습하고 추론하는 데 필요한 강력한 컴퓨팅 파워가 있어야 AI 제국으로 도약할 수 있다. 미국은 3대 요소를 갖춘 AI 제국으로서 전 세계를 기술적으로는 물론이고 경제적 · 문화적으로까지 지배하려 하고 있다. AI 제국주의 체제에서 독립과 주권을 지키기 위해서는 데이터 주권 확보, AI 고급 인재 육성, 반도체와 칩 역량 강화가 필수다.

AI와 난임 극복?

## AI 제국주의 등장의 3요소

중세 이후 산업혁명과 함께 시작된 제국주의의 핵심 동인은 과학기술의 발달이다. 콜럼버스 이후 시작된 대항해 시대의 제국주의에 나침반, 항해술, 선박 제조술 등의 기술이 있었다면 산업혁명 이후의 제국주의는 증기기관으로부터 시작된 동력 기술과 제조 기술이 있었다. 이로 인한 제1차 산업혁명은 영국과 프랑스 등 서유럽 국가들의 생산성 폭발을 촉진하여 이들 국가가 국력을 확장하고 제국으로 나아가는 원동력을 제공했다. AI 제국주의의 탄생에도 기술의 발전이 결정적 영향을 미쳤다. 오랫동안 기대와 가능성에 머물러 있던 AI를 현실로 구현한 인공신경망과 딥러닝 등의 기술들이다. AI는 1940년대 중반에 처음 그 개념이 등장한 이래 1950년대 중반부터 본격적으로 연구개발이 시작되었다. 그러나 그 후로 오랫동안 장밋빛 기대(AI Boom)와 깊은 실망(AI Winter)이 교차하며 가능성에 머물러 있었다. 가능성이 현실로 바뀌기 시작한 것은 2010년대 이후부터다. 그리고 AI가 세상을 바꾸는 파괴적 혁신 기술로 부상한 것은 2020년대 챗GPT가 계기가 되었다. AI 제국주의의 등장을 가져온 결정적인 3대 기술 발전 요소는 데이터, 알고리즘, 컴퓨팅 파워다.

첫째, AI는 데이터를 먹고 자란다(윤상오, 2024). 사람을 훌륭하게 키우기 위해 잘 먹이고 잘 가르쳐야 하듯이, 훌륭한 AI를 만들기 위해서도 잘 먹이고 잘 가르쳐야 한다. AI를 먹이고 키우는 식량이 데이터다. 사람처럼 생각하고 행동하는 AI를 위해서는 AI를 학습시킬 수 있는 거대한 데이터가 필요하다. AI의 성능은 데이터의 양에 비례한다. 정형 · 반정형 · 비정형 데이터를 비롯한 모든 형태의 데이터가 필요하다. 기존에 정부나 일부 대기업을 중심으로 생산되고 관리되던 정형 데이터는 1990년대 중반 월드와이드웹(WWW)의 보급과 함께 반정형 · 비정형 데이터로 확장되기 시작하였으며, 2000년대 들어서 검색 플랫폼과 이메일 등을 중심으로 기하급수적으로 확대되었다. 그리고 2010년대 스마트폰의 보급, 소셜 네트워크 서비스(SNS)의 확장을 거치면서 데이터 폭발이 일어났다. 과거 인류가 수천 년 동안 축적한 데이터보다 더 많은 양의 데이터가 불과 몇 개월, 며칠 만에 쌓이고 있다. AI를 먹이고 키울 수 있는 무한한 양식이 만들어진 것이다.

둘째, 알고리즘 혁명이다. 똑똑한 사람은 좋은 유전자를 타고 나듯이, 똑똑한 AI도 좋은 알고리즘을 타고나야 한다. AI 연구자들은 오랫동안 사람의 두뇌가 작동하는 원리인 뉴런과 시냅스의 복잡한 구조를 알고리즘으로 재현해 내려 했다. 인간의 두뇌에는 약 1000조 개의 뉴런이 복잡하게 연결되어 작동하는데, 이를 기계로 구현하려는 것이 인공신경망이다. 1943년 미국의 워런 매컬러(Warren McCulloch)와 월터 피츠(Walter Pitts)가 인공신경망 모델을 처음 제시한 이래 1948년 인공지능의 아버지라 할 수 있는 앨런 튜링(Alan Turing)의 생각하는 기계(Intelligent Machinery)를 통해서 개념이 구체화하기 시작했다. 인공지능의 1차 유행기인 1950년대 중반부터 1970년대 중반 사이에는 프랭크 로젠블랫(Frank Rosenblatt)이 머신러닝과 딥러닝의 토대가 되는 퍼셉트론(Perceptron)을 제시하면서 한 단계 발전을 이뤘다. 그 후 인공지능의 4대 천왕 중 한 명이자 40여 년간의 인공신경망 연구로 노벨물리학상까지 수상한 제프리 힌턴(Geoffrey Hinton)에 의한 다층 퍼셉트론 이론을 통해 한층 발전한 알고리즘은 얀 르쾽(Yann Le Cun), 요슈아 벤지오(Yoshua Bengio), 앤드루 응(Andrew Ng) 등을 통해 또다시 도약하면서 오늘날의 딥러닝 인공신경망이 되었다. 현대 인공지능은 이들이 발전시킨 인공신경망 알고리즘을 응용하고 발전시키면서 계속 진화하고 있다.

셋째, 복잡한 알고리즘을 작동시켜 방대한 데이터를 학습하고 추론하기 위해서는 엄청난 컴퓨팅 파워가 필요하다. 무어의 법칙(Moore's Law)에 따라 1980년대 이후부터 반도체 성능이 기하급수적으로 발전하고, 2000년대 이후부터는 컴퓨터의 엔진이라 할 수 있는 중앙처리장치(CPU)와 AI의 핵심 하드웨어라 할 수 있는 그래픽처리장치(GPU)가 급속히 발전했다. 특히 엔비디아 등에 의해 AI에 필요한 광대역 메모리 기반의 고성능 GPU가 생산됨에 따라서 AI를 위한 컴퓨팅 파워의 성능이 기하급수적으로 높아지기 시작했다.

## AI 제국주의의 형성

문제는 AI 혁명을 끌어낸 데이터, 알고리즘, 컴퓨팅 파워를 모든 나라가 골고루 갖추고 있지 않다는 점이다. 첫째, 방대한 데이터를 위해서는 이를 생산하는 온라인 세상, 즉 사이버 영토를 점령하고 있어야 한다. 전 세계 사람들이 매일같이 구글 등 검색 포털, 유튜브 · 인스타그램 · 트위터(현 X) · 페이스북 · 스레드 등 소셜네트워크서비스(SNS), 생성형 AI인 챗GPT · 그록 · 라마 · 제미나이 등 사이버 공간을 드나들고 서비스를 이용하면서 실시간으로 방대한 데이터를 생산해 낸다. 이와 같은 검색엔진, SNS, AI 등을 지배하지 못할 경우 AI 학습에 필요한 충분한 데이터를 생산하고 확보하는 것이 불가능하다. 현재 전 세계에서 AI 학습에 필요한 데이터를 자체 생산하고 보유할 수 있는 국가는 세계 사이버 신대륙 대부분을 점령하고 있는 미국, 방대한 인구와 자체 포털과 SNS 및 생성형 인공지능을 만들고 있는 중국, 네이버와 다음, 카카오와 라인(LINE) 등을 보유하고 자체 생성형 AI를 만들고 있는 우리나라를 비롯한 몇 개 나라에 불과하다. 그 외 대부분의 나라는 미국이나 중국의 검색 포털, SNS, 생성형 AI를 활용함에 따라 자국의 데이터를 미국이나 중국에 빼앗기면서 데이터 주권을 잃고 데이터 식민지로 전락하고 있다.

둘째, 알고리즘 기술은 이를 개발할 수 있는 전문 인력을 얼마나 확보하고 있느냐에 따라서 달라진다. 문제는 고성능 AI 알고리즘을 설계하고 개발할 수 있는 인력을 보유하고 있는 나라가 극소수에 불과하다는 점이다. 현재 AI 알고리즘을 개발할 수 있는 전문 인력을 가장 많이 보유한 나라는 중국과 미국이고, 다음으로 유럽연합, 인도, 한국, 영국, 캐나다, 이스라엘 정도에 불과하다. 전문 인력이 없으면 고성능 AI 알고리즘을 개발하는 것이 불가능하다. 더욱 심각한 문제는 고급 AI 인재의 쏠림 현상이 심화하고 있다는 점이다. 특히 AI 관련 핵심 기업을 보유한 미국을 비롯한 선진국으로 AI 고급 인재들이 몰려들면서 한국, 이스라엘, 이탈리아, 인도 등은 그나마 있는 고급 인재마저 빼앗기고 있는 상황이다(심서현 · 이우림, 2025).

셋째, 고성능 AI를 위해서는 GPU가 필수다. 기존 컴퓨터의 핵심 엔진이 CPU라면 AI의 핵심 엔진은 GPU다. GPU는 생성형 AI에 필요한 방대한 데이터 학습과 훈련 그리고 복잡한 알고리즘 실행과 추론을 위해 반드시 필요하다. 특히 GPU는 생성형 AI의 핵심인 이미지 인식, 자연어 처리, 음성인식 등의 작업에 없어서는 안 된다. GPU 없는 AI는 불가능하다. 예를 들어 수만 개의 엔비디아 GPU가 들어간 챗GPT와 같은 거대언어모델(LLM, Large Language Model)은 1억 명 이상의 사용자가 동시에 사용하는 생성형 AI 서비스를 제공할 수 있다. 문제는 전 세계 GPU 시장의 98%를 미국의 엔비디아가 장악하고 있다는 점이다(정예린, 2024). 인텔과 AMD 등 나머지 기업이 차지하는 비중은 2%에 불과하다. 따라서 전 세계 모든 AI 개발 기업이나 국가가 엔비디아의 GPU를 얼마나 확보하는가에 따라서 AI 기술 개발의 성패가 나뉘고 있다. 챗GPT와 같은 거대언어모델에는 개당 가격이 4만 달러(약 5400만 원)인 고성능 GPU 'H100'이 약 1만 개 정도 필요한데, 구매 대기 기간만 최소 1년 이상이 소요되고 있다. 이미 엔비디아는 AI 제국주의의 절대강자로서 모든 AI 개발 기업이 엔비디아에 종속되어 있다 해도 과언이 아니다.

현재 AI 제국 형성의 3대 요소를 모두 갖추고 있는 나라는 전 세계에서 미국밖에 없다. 미국과 AI 패권 전쟁을 벌이는 중국도 방대한 데이터와 풍부한 인력은 보유하고 있지만 반도체와 GPU 칩 역량이 부족하여 미국에 고전하고 있다. 메모리반도체 강국인 우리나라도 엔비디아의 GPU 확보 여부가 향후 AI 경쟁력 강화의 관건이 될 정도로 컴퓨팅 파워에서 취약성을 보이고 있다. 유럽이나 캐나다 등 대부분의 국가들도 데이터 확보나 컴퓨팅 파워에서 취약성을 보여 이를 어떻게 극복할지가 향후 AI 경쟁력의 관건이 되고 있다. 결국 AI 제국주의의 향방은 미국 일극 체제이냐 미국과 중국의 양극 체제이냐 하는 큰 줄기 아래 한국, 독일, 영국, 프랑스, 캐나다, 이스라엘, 일본 등이 어떠한 위상을 차지하느냐가 관건이 될 것이다.

## AI 제국주의의 특징

기존의 제국주의와 비교하여 AI 제국주의는 어떠한 특징을 갖고 있는가. 첫째, 기존의 제국주의가 실제 영토를 점령하였다면 AI 제국주의는 사이버 영토를 점령한다. 검색 포털, 플랫폼, SNS 등을 장악한 것을 기반으로 AI 제국주의가 출발한다. 둘째, 기존 제국주의가 총과 칼을 활용해서 무력 지배를 했다면 AI 제국주의는 기술과 자본을 활용해서 문화적 · 정신적 지배를 한다. 2022년 11월 등장한 챗GPT는 출시 2년 4개월 만인 2025년 3월에 가입자 5억 명을 돌파했다(김범수, 2025). 2024년 기준으로 전 세계 기관의 78%가 AI를 사용하고 있으며, 이는 2023년 55%에서 대폭 증가한 것이다. 지역별로는 아시아가 72%, 유럽이 80%, 북미가 82%, 중국(홍콩, 대만, 마카오 포함)이 75%, 개도국 이하가 77%로 나타났다(HAI, 2025). 또한 2023년 기준 국가별로 챗GPT의 일/주 사용률을 보면 인도 75%, 케냐 69%, 파키스탄 62%, 독일 41%, 영국 38% 등으로 매우 높게 나타났다(HAI, 2024). 특히 미국은 오픈AI 등을 앞세워 파운데이션 모델(Foundation Model)과 기반 기술, 기술 표준을 선점하고 국제 AI 시장의 기술 규격과 가격 결정권을 장악하여 후발국들을 지배하고 있다. 더 큰 문제는 문화적이고 정신적인 종속의 위험이다. 챗GPT는 미국의 데이터를 먹고 자란 미국 사람과 같다. 미국의 문화, 가치관, 세계관을 갖고 있는 챗GPT에게 물어보면 미국의 관점에서 대답할 수밖에 없다. 자꾸 이용하다 보면 나도 모르게 미국의 문화에 종속될 수밖에 없는 상황이다. 물론 챗GPT가 영어로 된 데이터, 미국 데이터 이외에도 다양한 나라의 언어로 된 데이터를 학습하고 있다. 그러나 영어로 된 데이터를 더 많이 학습할 수밖에 없는 상황에서 한국에 관한 질문에 대해서도 미국에 편향된 대답을 할 수밖에 없다. 결국 토종 AI를 개발하지 못하면 문화적 · 정신적 종속도 불가피하다. 셋째, 기존의 제국주의가 식민지에서 천연자원을 수탈한다면 AI 제국주의는 데이터를 수탈한다. 데이터가 있어야 AI를 만들고, AI가 있어야 더 많은 데이터를 끌어모을 수 있다. AI와 데이터 간 선순환 구조를 구축하면 AI 제국의 식민지 지배를 영속화할 수 있다. 넷째, 기존의 제국주의가 식민지 국가에 자국이 만든 2차 상품을 판매하여 막대한 이윤을 빨아들였다면 AI 제국주의에서는 서비스 상품을 판매하여 이익을 빨아들인다. 이미 산업의 근간이 농업과 제조업에서 서비스업으로 이동하고 있는 상황에서 AI 제국주의는 식민지 국가의 서비스 산업을 장악한다. AI 파운데이션 모델을 기반으로 각종 서비스에 장착되는 응용 AI까지 장악하기 때문이다. 넷째, 기존의 제국주의가 식민지별로 현지화, 지역화에 초점을 맞췄다면 AI 제국주의는 전 세계 사이버 영토를 하나로 묶는 세계화를 추구한다. 모든 나라의 모든 AI 영토와 모든 서비스를 지배하고 제패하려는 것이다. 다섯째, 기존의 제국주의에서는 다양한 제국 간에 식민지 쟁탈 전쟁이 치열하게 벌어졌다면, AI 제국주의에서는 미국이라는 최강 제국에 중국이 도전장을 내미는 정도 외에 국가 간의 식민지 쟁탈 전쟁이 치열하지 않다. 미국의 압도적 힘이 워낙 강하기 때문에 도전보다는 생존에 초점을 맞춘 국가들이 대부분이다. 2024년 한국과 일본 사이에 벌어진 '라인(LINE)' 사태는 미국과 중국 간의 AI 패권 전쟁에 비하면 작은 국지전 수준에 불과하다. 이러한 AI 제국주의의 특징을 고려할 때, AI 제국으로부터의 종속과 수탈을 피하고 독립을 지키기 위해서는 AI 학습을 위한 데이터 주권 확보, 알고리즘 개발을 위한 전문 인재 확보, 컴퓨팅 파워를 위한 반도체와 칩 역량 강화가 필수다.

### 참고문헌

김범수(2025.4.3). 챗GPT 돌풍…가입자 5억명 돌파[당번의 픽].

《중앙일보》.
https://n.news.naver.com/mnews/article/022/0004024526
심서현·이우림(2025.2.5). [단독] AI 인재 47%는 中출신...한국 체류 해외 인재는 38명뿐[딥시크 쇼크 下]. 《중앙일보》.
https://www.joongang.co.kr/article/25311719
윤상오(2024). 《AI와 공공데이터》. 커뮤니케이션북스.
정예린(2024.6.13). 엔비디아, 지난해에만 376만 데이터센터 GPU 출하 '시장 완전 장악'. 《THE GURU》.
https://www.theguru.co.kr/news/article.html?no=72425
HAI(2024). T*he 2024 AI Index Report. Human-Centered Artificial Intelligence*, Stanford University.
HAI(2025). *The 2025 AI Index Report. Human-Centered Artificial Intelligence*. Stanford University.

## 04
# AI 제국주의와 AI 주권

모든 활동, 모든 서비스에 AI가 활용되는 AI 일상화 시대는 소수의 'AI 제국'과 'AI 공룡'이 전 세계 AI를 지배하는 세상이다. AI 주권을 갖지 못하면 기술적 · 경제적으로, 문화적 · 정신적으로 AI 제국의 지배와 종속을 피할 수 없다. AI 주권은 국가 안보에도 필수다. AI 주권을 지키는 데는 모든 응용 AI의 근간이 되는 '파운데이션 모델 주권', AI 학습에 필수인 '데이터 주권', 고성능 AI를 위한 GPU와 HBM 등 '칩 주권' 확보가 핵심이다.

AI와 사주?

## AI 일상화 시대와 AI 주권

AI 중에서도 생성형 AI는 역사상 가장 빨리 발전하는 기술이다. 기존에 역사상 가장 빨리 발전한 기술이었던 개인용 컴퓨터(PC)나 인터넷보다도 2배 이상 채택 속도가 빠르다. 실제로 생성형 AI가 공개된 지 2년 만인 2024년 말 미국 18~64세 인구의 40%가 생성형 AI를 사용하고 있다. 과거 인터넷은 도입 초기 2년간 사용률이 20%였고, PC는 20% 사용률에 도달하는 데 3년이 걸렸다(Bick, et al., 2024). 2024년 9월 미국 직장인 3000명을 대상으로 한 조사에서도 전체의 1/4이 한 주에 한 번 이상 생성형 AI를 업무에 사용했으며, 11%는 거의 매일 사용하고 있다. 특히 조사 대상 조직의 88%는 이미 생성형 AI를 조직 차원에서 사용하고 있는 상황이다(Korolov, 2024). 2024년 10월 기준으로 우리나라의 주요 기업 및 기관도 72%가 생성형 AI를 업무에 활용 중이다. 이는 아태 지역 평균인 59.5%보다 12.5% 높다(IDC, 2024). 대학도 예외가 아니다. 2025 세계 대학생 서베이(Global Student Survey)에 따르면 전 세계 대학생의 80%가 AI를 사용해 공부하고 있으며, AI가 학습 방식에 미치는 영향도 갈수록 커지고 있다(Chegg, 2025).

이미 AI는 우리 생활 깊숙이 들어와 있다. AI 혁명이 무서운 이유는 AI가 적용되지 않는 곳을 찾기가 어려울 정도로 모든 산업과 모든 기술에 AI가 적용되고 있다는 점이다. 실제로 AI는 인터넷 검색, 번역, 반도체, 가전, 자동차, 금융, 방송, 보건의료, 문화예술, 공공서비스 등 모든 분야에 적용되고 있으며, 직장과 학교와 가정에서, 업무와 사교와 일상생활의 모든 곳에서 눈에 보이든 보이지 않든 적용되고 있다. 심지어 국가 방위와 안보에도 AI가 결정적인 영향을 미친다. AI는 어디에나 적용될 수 있는 보편적 필수 기술이며, AI를 얼마나 잘 적용하는가가 곧 경쟁력이 되고 있다.

문제는 세계적으로 광범위하게 보급되고 있는 생성형 AI를 미국이나 중국과 같은 극소수 나라, 그리고 오픈AI, 구글, 마이크로소프트, 메타 등 일부 기업이 독점하고 있다는 점이다. 독자적인 생성형 AI 모델을 갖지 못하는 국가는 이들 나라와 기업에 종속되어 지배를 당할 수밖에 없다. 이제 세상은 AI 패권국(제국)과 AI 독립국 그리고 AI 종속국(식민지)으로 재편되어 가고 있다. AI 경쟁력에 따라 재편되는 세계 질서 속에서 AI 식민지로 전락하지 않기 위해서는 AI 주권(Sovereign AI)을 지키는 것이 무엇보다도 중요하다. AI 주권은 자국의 경쟁력과 정체성을 지키기 위하여 자체적인 기술로 자체적인 데이터를 활용하여 만든 AI를 사용하는 것을 말한다. 이렇게 만든 AI는 챗GPT처럼 영어와 서구권 문화 중심의 AI가 아니라 자국의 언어와 문화, 역사와 전통, 사회와 가치관에 대한 이해도가 높은 맞춤형 AI다. AI 주권은 기술 주권, 경제 주권, 안보 주권, 문화 주권을 지키는 핵심 기반이다. AI 주권을 지키지 못하면 국가의 정체성과 독립성을 AI 제국에 빼앗기고 껍데기와 허상만 남게 될 것이다. AI 주권은 파운데이션 모델 주권, 데이터 주권, 칩 주권으로 구성된다.

## 파운데이션 모델 주권

2022년 11월 챗GPT가 등장했을 때 전 세계가 난리가 났다. 드디어 튜링 테스트를 통과하고, 사람처럼 생각하고 사람처럼 대화하며 사람처럼 행동하는 AI가 탄생하였기 때문이다. 특정 영역에서만 사람처럼 성능을 발휘하는 약인공지능(ANI, Artificial Narrow Intelligence)이 아니라 두루두루 모든 분야에서 사람과 비슷한 일반인공지능(AGI, Artificial General Intelligence)을 닮았기 때문에 더 충격적이었다. 순식간에 대학은 물론 초중고등학교에서도 학생들이 챗GPT를 써서 과제를 해 오기 시작했다. 기업들도 앞다퉈 업무 처리에 챗GPT를 사용하기 시작했다. 보안 문제나 정보 유출 문제, 표절 문제 등으로 챗GPT 사용을 금지할 것인지 더 적극적으로 활용을 권장할 것인지를 놓고 논쟁이 일어나기도 했다. 챗GPT를 활용한 저작물이 우후죽순으로 등장하자 저작권 문제, 창작권 문제도 제기되었다. 민간 회사나 공공 기관은 물론 지방 정부와 중앙 부처에서도 챗GPT 사용법을 교육하거나 가이드북을 발간하는 등 적극적으로 사용을 권장하고 있다.

챗GPT와 같이 모든 분야에 전반적으로 사용되는 초거대 생성형 AI를 '파운데이션 모델(Foundation Model)'이라고 한다. 거대한 데이터로 학습한 거대언어모델(LLM)이자 다양한 분야의 서비스에 적용될 수 있는 다목적 모델이다. 초거대 AI 파운데이션 모델은 모든 기관과 가정과 학교에 전기를 공급하는 발전소와 같은 핵심 인프라 역할을 한다. 파운데이션 모델은 챗봇 서비스부터 정보 제공, 언어 번역, 이미지 분류 및 생성, 영상 창작 등 못 하는 일이 거의 없다. 또한 각 기관의 업무 특성에 맞게 파인 튜닝 또는 커스터마이징해서 사용할 수 있는 기반 모델이다. 파운데이션 모델은 다양한 응용 AI 앱의 확산과 활용을 위한 기반이자 플랫폼 역할도 한다.

문제는 초거대 AI 파운데이션 모델을 만들 수 있는 나라가 극소수에 불과하다는 점이다. 미국 오픈AI의 '챗GPT', 메타의 '라마', 구글의 '제미나이', xAI의 '그록' 등이 대표적이고, 중국 알리바바의 '통이첸원', 딥시크의 '딥시크', 바이두의 '어니', 프랑스 미스트랄AI의 '미스트랄' 등이 대표적이다. 우리나라는 네이버의 '하이퍼클로바X', LG의 '엑사원3.0', SKT의 '에이닷엑스', KT의 '믿음', 엔씨소프트의 '바르코', 삼성전자의 '가우스' 등의 파운데이션 모델이 있다.

파운데이션 모델을 개발하고 훈련하고 활용하기 위해서는 거대한 데이터도 필요하고, 고성능 그래픽처리장치(GPU) 칩도 확보해야 하며, 대규모 전문 인력도 있어야 한다. 또한 오픈AI가 마이크로소프트로부터 10조 원을 투자받아 챗GPT를 개발한 것처럼 엄청난 비용을 쏟아부어야 한다. 실제로 미국 AI 공룡들은 파운데이션 모델 패권을 장악하기 위하여 수조 원씩을 투자하고 있다. 마이크로소프트 130억 달러(약 17조 5500억 원), 아마존 40억 달러(약 5조 4000억 원), 구글 20억 달러(약 2조 7000억 원) 등이 대표적이다(Kim, 2023). 웬만한 국가들은 데이터도 없고, 전문 인력도 없을뿐더러 GPU도 확보할 수 없고, 이를 주도할 기업도 없고, 투자금도 없어 파운데이션 모델 개발에 엄두도 내지 못하고 있다. 따라서 대부분의 국가와 기관은 수천억에서 수조 원을 들여 자체 파운데이션 모델을 개발하기보다는 기존에 나와 있는 파운데이션 모델을 호스팅하거나 빌려서 사용할 수밖에 없다. 실제로 오픈AI와 마이크로소프트는 챗GPT를 빌려서 사용할 수 있는 API 서비스를 상대적으로 저렴한 비용으로 제공하여 고객들을 끌어모으고 있다(반병현, 2023). 이렇다 보니 세계의 파운데이션 모델을 점령한 소수의 기업과 국가에 대부분이 종속될 수밖에 없는 상황이다.

## 데이터 주권 확보

초거대 AI 또는 파운데이션 모델을 훈련하기 위해서는 거대한 데이터가 필요하다. 2016년 이세돌과 세기의 바둑 대결을 펼친 '알파고'는 16만 건의 기보 데이터를 학습했다. 현대의 초거대 AI는 기존에 많이 활용되던 정형 데이터(fixed data)나 반정형 데이터(semi-fixed data)만으로는 어림도 없다. 검색 포털, 소셜 네트워크 서비스(SNS), CCTV, 센서 등 모든 곳에서 수집되는 모든 데이터가 필요하다. 그 규모(Volume)나 다양성(Variety)이나 처리 속도(Velocity)가 엄청나기 때문에 사이버 영토를 장악하고 있는 미국이나 중국 등 일부 국가를 제외하고는 AI 개발에 필요한 충분한 데이터를 확보하는 것이 거의 불가능하다. 대부분의 나라들이 이미 데이터 주권을 잃고 데이터 식민지로 전락하였기 때문이다.

더 큰 문제는 초거대 AI 파운데이션 모델을 극소수 국가와 기업이 독점함에 따라서 데이터 불평등은 점점 심화하고 있다는 점이다. 전 세계 사용자들이 챗GPT에 입력한 모든 데이터는 미국으로 흘러 들어간다. 챗GPT 서버가 미국에 있기 때문이다. 예를 들어, 기업 사용자들이 회사의 주요 자료를 챗GPT에 넣고 요약이나 보고 자료를 만들어 달라고 요청하면 입력한 자료는 모두 미국으로 넘어간다. 정부 부처에서 주요 자료를 입력하고 요약이나 보고서나 이메일 초안을 요청하면, 이 데이터도 모두 미국으로 넘어간다. 학생들이 입력하는 모든 사진과 모든 질문과 모든 학습 자료도 미국으로 넘어간다. 데이터가 없어 자체 초거대 AI 모델을 만들지 못하면, 자국의 데이터가 지속적으로 빠져나가는 악순환이 반복될 수밖에 없다. 데이터의 부익부 빈익빈 현상은 AI 제국과 식민지 간의 격차를 더욱 벌리는 요인이 된다. 우리나라는 다행스럽게도 네이버, 다음 등의 포털사이트를 갖고 있고, 카카오톡, 라인과 같은 SNS도 갖고 있으며, 쿠팡과 같은 온라인 쇼핑몰도 갖고 있고, 방대한 공공 데이터도 갖고 있어 데이터 주권을 어느 정도 확보하고 있다. 공공 데이터의 개방과 공유 실적이 여전히 미흡하고, 강력한 개인정보보호법에 의한 규제로 데이터 활용에 어려움이 많다는 장애가 있지만 충분히 극복 가능하다.

## 칩 주권 확보

생성형 AI를 만들기 위해서는 방대한 데이터를 학습하고 처리하는 대규모 알고리즘을 돌리기 위해 고성능 컴퓨팅 파워가 필요하다. 이를 가능하게 해 주는 것이 GPU와 고대역폭 메모리반도체(HBM, High Bandwidth Memory)다. 이러한 칩(Chip) 생산과 확보 능력이 없으면 자체 AI를 개발하지 못하고 종속될 수밖에 없다.

첫째, 챗GPT와 같은 거대언어모델에는 수만~십만 개 정도의 GPU가 들어간다. 현재 전 세계 GPU 시장을 미국의 엔비디아가 장악하고 있는 상황에서, GPU 품귀 현상까지 벌이지고 있다. GPU는 자동차의 엔진과도 같은 역할을 하므로 GPU 확보 없이는 AI 주권 확보도 없다. 실제로 마이크로소프트, 구글, 메타, 테슬라, 아마존 등 미국 AI 공룡들은 앞다퉈 초거대 AI 파운데이션 모델 구축에 나서면서 칩 확보 전쟁을 벌이고 있다. 또한 GPU는 AI 시장뿐만 아니라 데이터센터, 자율주행차 등 다양한 분야에도 필수적으로 활용되어 품귀 현상을 가중하고 있다. 레이 트레이싱, 메타버스, 심층신경망, 자연어 처리 등의 기술 구현도 GPU 없이는 불가능하다. 결국 GPU가 없이는 AI도 없고 이를 응용하는 서비스도 없다(이용호, 2023).

둘째, GPU와 함께 AI 성능의 핵심이라 할 수 있는 고대역폭 메모리반도체(HBM) 확보도 필수다. 다행히 HBM 시장은 우리나라의 삼성전자와 SK 하이닉스가 장악하고 있다. HBM은 GPU의 고성능 연산을 지원하는 필수 메모리로서, GPU가 HBM과 결합해야 제대로 성능을 발휘할 수 있다. 삼성전자와 SK하이닉스는 HBM을 엔비디아에 납품하여 막대한 수익을 올리고 있지만 엔비디아가 갑(甲)이고 삼성전자나 SK하이닉스가 을(乙)인 것은 분명하다. 한편 대만의 TSMC는 세계 최대의 파운드리(반도체 위탁생산) 업체로서 엔비디아의 주문을 받아 HBM과 GPU를 결합하는 고성능 반도체 패키징 기술로 세계시장을 장악하고 있다. 실제로 엔비디아는 최첨단 시스템반도체의 92%를 대만 TSMC에 의존하고 있고, 삼성전자는 엔비디아에 밀려 고전을 면치 못하고 있다.

미국은 엔비디아를 통해서 GPU 시장을 장악하고 있

지만, 미국 행정부는 HBM과 시스템반도체에 대한 한국과 대만 의존도가 높은 점을 못마땅하게 여기고 있다. 이마저도 미국이 장악하여 세계 칩 패권을 완전히 장악하고 싶어 한다. 실제로 미국은 2024년 3월에 반도체지원법(CHIPS법)을 제정하였는데, 향후 5년간 미국 내 반도체 생산 시설 확대에 520억 달러의 보조금과 세제 혜택을 지원하는 것이 핵심이다. 인텔에만 195억 달러(26조원)를 지원하고 삼성전자나 SK하이닉스, TSMC 등도 생산 공장을 미국으로 옮기면 보조금을 지원하겠다는 것이다(김효선, 2024). 반대로 미국 밖에서 생산되는 반도체에는 높은 관세를 매겨서 못 들어오게 막으려 하고 있다.

이 밖에도 AI 주권 확보를 위해서는 대규모 AI를 개발하고 학습시킬 수 있는 AI 전문 인력 확보가 필요하다. 특히 세계 AI 전문 인력을 양분하며 초거대 AI를 선점하고 있는 미국과 중국에 전문 인력을 빼앗기지 않도록 국가 차원의 인력 양성 및 지원 노력이 있어야 한다. 또한 미국이나 중국, 프랑스 등과 마찬가지로 국가가 나서서 자국의 AI 산업을 육성하기 위한 강력한 지원 정책도 적극 펼칠 필요가 있다.

## 참고문헌


김효선(2024.3.26). 미 '칩스법'이쏘아 올린 글로벌 반도체 주권 전쟁. 《조선일보》. https://biz.chosun.com/international/international_economy/2024/03/26/SFTLI72XIBDNXCRVBFNXKBQQCI/

반병현(2023). 챗GPT 시대, 세계와 대한민국은 어떤 상황인가. 《행정포커스》 162. 한국행정연구원.

이용호(2023.8.23). 챗GPT시대, 왜 GPU가 중요한가? 《한국강사신문》. https://www.lecturernews.com/news/articleView.html?idxno=133498

양재찬(2023.3.8). '칩 주권' 침해 없도록 외교력 발휘해야 한다. 《제이누리》. https://www.jnuri.net/news/article.html?no=54684

Bick, A., et al.(2024). The Rapid Adoption of Generative AI. 《CEPR》. https://cepr.org/publications/dp19515

Chegg(2025). Global Student Survey. https://8dfb1bf9-2f43-45af-abce-2877b9157e2c.usrfiles.com/ugd/8dfb1b_2d132a015d2a405893643b746d1bdf56.pdf

IDC(2024.10.2). 한국 IDC, 국내 생성형 AI 업무 적용 사례 연구 발표. https://www.idc.com/getdoc.jsp?containerId=prAP52633124

Korolov, M(2024.11.20). '속도 비용·난이도 제각각'...기업이 LLM을 도입하는 7가지 방법. 《CIO》. https://www.cio.com/article/3610076/속도-비용·난이도-제각각-기업이-llm을-도입.html

Kim, S.(2023.11.4). 미·영·중·일... 제국주의 패권경쟁 AI에서

재연되나. TheMiilk.
https://www.themiilk.com/articles/a3474911e

05

# AI 제국주의의 외연: 국가 간 지배와 종속

세계체제론 관점에서 AI 제국주의를 보면 가장 중심부(core)에 미국이 있고, 이에 도전하는 중국이 조금 떨어진 위치에 있다. 프랑스, 영국, 한국, 독일, 캐나다, 싱가포르, 이스라엘 등은 반주변부에서 AI 주권과 독립을 지키며 중심부로 진입하려 노력하고 있다. 미국은 강력한 'AI 공룡'들을 앞세워 일극 체제를 더욱 강화하면서 다른 국가들과의 격차를 더 벌리고 있다. 향후 세계는 미국이라는 유일 최강 AI 제국과 소수의 AI 독립국 그리고 대부분의 AI 식민지 국가로 재편될 수 있다.

AI와 아이돌?

## 제국주의 고도화와 세계체제론

2차 세계대전 종식과 함께 기존의 제국주의는 끝이 나는 것 같았지만, 또 다른 방식의 제국주의가 등장했다. 미국의 사회학자이자 역사학자 이매뉴얼 월러스틴(Immanuel Wallerstein)은 '세계체제론(World-Systems Theory)'을 통해서 새로운 제국주의를 설명하고 있다. 1970년대부터 등장한 세계체제론은 전 세계를 중심부 국가(core countries)와 반주변부 국가(semi-periphery countries) 그리고 주변부 국가(periphery countries)로 구성된 단일 체제로 보았다. 중심부 국가와 반주변부·주변부 국가 사이에는 분업 체계가 구축되어 있는데, 중심부 국가는 부의 원천이 되는 핵심 산업을 보유하고 있고 나머지 국가는 노동집약적인 일차원적 산업과 함께 중심부 국가에 필요한 자원을 공급하는 역할을 한다. 이 이론의 핵심은 중심부 국가와 주변부 국가 사이에 무력에 의한 강제 점령은 없지만 지배와 종속 관계, 착취와 예속 관계가 형성되어 있다는 점이다. 세계의 모든 부는 중심부 국가로 모이며, 주변부 국가는 중심부 국가에 종속되어 지속적으로 자원과 부를 착취당하게 된다. 중심부 국가는 자기의 위치를 지키기 위해 그리고 반주변부 국가는 중심부 국가로 진입하기 위해 끊임없이 노력하게 되는데 이러한 노력이 실패할 경우 주변부 국가로 떨어질 수도 있다. 예를 들어 대항해 시대에 중심부 국가였던 스페인과 포르투갈은 산업혁명 실패와 함께 반주변부 국가로 떨어졌고, 반주변부 국가였던 미국은 1900년대에 들어서면서 중심부 국가로 진입했다. 또한 1960년대까지 중심부 국가로 진입을 목전에 두고 있던 아르헨티나, 1980년대까지 중심부 국가였던 러시아는 주변부 국가로 완전히 밀려났다. 이 이론의 핵심은 전통적인 제국주의 국가가 주변국을 강제 점령하는 것과는 달리 신제국주의 국가는 세계를 불평등한 분업 체계로 만들어 강제 점령 없이 지속적이고 안정적으로 주변부 국가를 지배하며 착취와 수탈을 한다는 점이다. 이러한 신제국주의 국제 질서는 AI 시대가 본격화함에 따라서 더욱 고착화되는 양상을 보인다. 또한 이 와중에 기존에 중심부 국가였던 유럽 선진국과 일본 등이 주변부 국가로 밀려날 위기 상황에 있고, 중국이 주변부 국가에서 중심부 국가로 상당히 진입하고 있다. 우리나라를 비롯한 프랑스, 영국 등도 반주변부 국가를 형성하면서 주변부 국가로 밀리지 않고 중심부 국가로 들어가려 노력하고 있다.

## AI 제국주의에서 세계체제 현황

세계체제론적 관점에서 AI는 세계를 어떻게 중심부 국가와 반주변부 · 주변부 국가로 재편하고 있는지를 살펴보자. 이를 가장 잘 나타내는 대표적인 보고서는 영국 '토터스 미디어(Tortoise Media)'에서 2019년부터 매년 발간하고 있는 《글로벌 AI지수(The Global AI Index)》다. 가장 최근인 2024년 9월에 발표된 보고서는 세계 83개국을 대상으로 AI '실행' 영역의 인재 · 인프라 · 운영환경, '혁신' 영역의 연구 · 개발, '투자' 영역의 정부 전략 · 상업화에 대해서 평가했다. 그 결과 세계 AI 톱10을 보면 미국이 100점으로 압도적 1위를 차지하고 있으며, 그 뒤를 중국(53.88), 싱가포르(32.33), 영국(29.85), 프랑스(28.09), 한국(27.26), 독일(26.65), 캐나다(26.39), 이스라엘(25.52), 인도(23.82)가 잇고 있다. 이를 보면 미국이 AI 세계체제에서 가장 중심 국가(core)에 위치하고 있으며, 중국이 중심부에서 약간 떨어진 위치에 있고, 싱가포르부터 인도까지 나머지 국가들은 반주변부 국가를 형성하고 있다는 사실을 알 수 있다. 특히 미국은 평가가 시작된 2019년부터 한 번도 1위 자리를 놓치지 않고 있으며, 오히려 시간이 갈수록 다른 국가들과의 격차를 더 벌리고 있다. 2023년과 2024년을 비교해 보면 미국(100→100)을 제외하고 중국(61.5→53.88), 싱가포르(49.7→32.33), 영국(41.8→29.85), 캐나다(40.3→26.39), 한국(40.3→27.26), 이스라엘(40.0→25.52), 독일(39.2→26.65) 등 대부분 국가의 점수가 하락했다. 이는 AI 세계체제에서 미국의 일극 체제가 점점 공고해지고 있으며, 중국의 미국에 대한 도전도 고전을 면치 못하고 있다는 것을 의미한다. 보다 심각한 것은 미국과 중국 다음으로 반주변부를 형성하고 있는 싱가포르, 영국, 한국, 캐나다, 이스라엘, 독일 등의 경쟁력이 오히려 하락하여 미국과의 거리가 점점 멀어지면서 주변부 국가로 밀려날 수도 있다는 점이다. 스위스나 핀란드는 2023년에는 세계 톱10에 있었으나 2024년에는 주변부 국가로 밀려났다. 반면에 프랑스와 인도가 2024년에 새롭게 톱10에 진입한 것을 주목할 필요가 있다.

또 다른 자료로는 미국 스탠퍼드 대학의 '인간 중심 AI 연구소(Human-Centered Artificial Intelligence)'에서 매년 발간하는 AI 지수 보고서가 있다. 《2025 AI 지수 보고서(Artificial Intelligence Index Report 2025)》에 따르면 2024년 기준으로 미국의 민간 AI 투자는 1091억 달러로서 중국 93억 달러의 12배, 영국 45억 달러의 24배, 한국 13.3억 달러의 82배로 압도적으로 많다. 더 주목할 사실은 이러한 투자액 격차가 매년 누적되면서 시간이 갈수록 격차가 더 커진다는 점이다. 또한 2024년에 미국은 주목할 만한 AI 파운데이션 모델을 40개 만들었지만 중국은 15개, 프랑스 3개, 한국 · 이스라엘 · 캐나다 등은 각 1개로 그 격차가 매우 크다. 모델의 품질 면에서는 중국이 '딥시크(DeepSeek)'를 선보이며 미국과의 격차를 크게 줄였지만 절대적인 수에서는 미국이 독주하고 있다. 반면에 AI 특허는 2023년 기준으로 중국이 전체의 69.7%, 미국이 14.16%, 유럽이 2.77%로서 연구개발의 양적 측면에서는 중국이 미국이나 유럽을 압도하면서 경쟁력을 키우고 있다. 우리나라는 절대적인 AI 특허 수에서는 한참 밀리고 있으나 인구 10만 명당 AI 특허 수에서는 17.27개로 중국의 6.08개, 미국의 5.20개, 일본의 4.58개보다 훨씬 많아 세계 1위를 차지했다. 2024년 기준으로 새롭게 투자를 받은 AI 기업의 수도 미국이 1073개, 영국이 116개, 중국이 98개, 인도가 74개, 독일이 67개, 프랑스가 59개, 한국이 52개, 캐나다가 51개, 일본이 42개 등으로 미국이 가장 많다. 2013~2024년까지 투자를 받은 AI 기업 수 누적 합계에서도 미국이 6956개, 중국이 1605개, 영국이 885개, 이스라엘이 492개, 캐나다 481개, 프랑스 468개, 인도 434개, 독일 394개, 일본 388

개, 한국이 270개 등으로 역시 미국이 압도하고 있다.

이와 같은 사실을 종합해 보면 AI 세계체제에서 미국은 가장 중심부를 차지하며 AI 제국주의의 절대 강자의 자리를 더욱 강화하고 있다. 중국은 막대한 인구와 풍부한 전문 인력을 바탕으로 미국의 뒤를 열심히 쫓아가면서 중심부 국가로 달려가고 있지만 미국과의 격차가 오히려 더 벌어지고 있다. 반면에 영국, 프랑스, 독일, 캐나다, 한국, 싱가포르 등은 반주변부 위치에서 AI 주권과 독립을 지키면서 주변부 국가로 밀리지 않고 중심부 국가로 들어가려고 안간힘을 다 쓰고 있다. 문제는 미국이 AI 세계체제의 핵심(core)에서 강력한 구심력으로 전 세계의 모든 투자와 전문 인력과 지식재산 등을 끌어당기면서 모든 부를 빨아들이고 있다는 점이다.

## AI 제국주의와 국가 간 격차

AI 제국주의 세계체제는 중심부 국가와 주변부 국가 간의 격차를 극대화한다. 이때 기존의 제국주의와는 달리 국가가 직접 나서지 않고 기업을 앞세워 사이버 영토를 점령하고 지배하는 방식을 택한다. 국가는 AI 기업들이 세계시장을 점령하고 사이버 영토를 지배하는 데 필요한 법 · 제도 · 정책을 만들고, 재정과 자금을 지원하며,

인력을 양성 · 공급하고, 다른 나라 시장에 들어가는 데 걸림돌이 되는 규제나 무역 장벽을 제거하는 역할을 한다. AI는 절대로 모든 국가에 자유로운 경쟁과 평평한 운동장을 제공하지 않는다. 오히려 시계 시장의 경쟁 메커니즘을 없애고 AI 공룡들을 보유한 미국을 난공불락의 제국으로 만들고 있다. 반면 AI 약소국은 경제발전의 사다리조차 제거당해 영원히 식민지 상태를 벗어날 수 없다.

실제로 2024년 12월 기준 세계 기업 순위를 보면 1위가 애플(3조 7947억 달러), 2위가 마이크로소프트(3조 3575억 달러), 3위가 엔비디아(3조 2327억 달러), 4위가 아마존(2조 4493억 달러), 5위가 알파벳(구글)(2조 4156억 달러) 등이다. 우리나라 최고 기업인 삼성전자는 세계 40위(2510억 달러)에 불과하다. 삼성전자보다 애플이 15배, 마이크로소프트가 13.38배, 엔비디아가 12.88배 이상 크다(이진원, 2024). 문제는 세계 톱10 기업에서 사우디아람코(석유기업)와 대만 TSMC를 빼고는 모두 미국 기업이라는 점이다. 세계 40위 기업 중에서도 미국이 29개, 중국이 3개, 프랑스 2개, 그리고 사우디아라비아 · 대만 · 덴마크 · 독일 · 네덜란드 · 한국이 각 1개에 불과하다. 얼마나 미국 쏠림 현상이 심각한지를 쉽게 알

수 있다.

심지어 구글, 애플, 마이크로소프트 등 개별 AI 공룡의 시가총액이 우리나라를 비롯한 웬만한 나라의 주식시장 전체의 시가총액을 거뜬히 능가한다. 실제로 2025년 2월 기준으로 우리나라 코스피 · 코스닥 등 주식시장에 상장된 2629개 기업 전체의 시가총액이 2074조 원(KOSIS 국가통계포털)인 데 비해서, 2025년 4월 기준으로 미국 애플의 시가총액이 4931조 원, 마이크로소프트가 4161조 원, 엔비디아가 3946조 원, 아마존이 3043조 원, 구글이 2823조 원이다. 우리나라 수천 개 상장기업 전체의 가치보다 애플의 가치가 2.38배, 마이크로소프트가 2배, 엔비디아가 1.9배, 아마존이 1.47배, 구글이 1.36배나 더 크다(top.hibuz.com).

또한 AI 공룡 1개 기업의 시가총액이 웬만한 나라의 1년 국내총생산(GDP)보다 더 크다. 실제로 2024년 기준 애플의 시가총액 3조 7947억 달러는 2025년 기준으로 영국(3조 7303억 달러), 프랑스(3조 2834억 달러), 이탈리아(2조 4595억 달러), 캐나다(2조 3303억 달러), 한국(1조 1947억 달러)의 GDP보다 더 크다. AI 공룡 1개의 시가총액이 우리나라를 포함한 웬만한 선진국의 1년 GDP보다 더 크고, 전체 상장기업 시가총액보다 더 크다는 사실은 충격적이다. 더 심각한 문제는 미국은 세계시장을 대상으로 하는 AI 생태계가 잘 갖추어져 있어 새로운 AI 공룡들이 계속 등장하고 있다는 점이다. 자칫 잘못하면 전 세계는 하나의 AI 최강 제국과 몇 개의 AI 독립국, 그리고 대다수의 AI 식민지라는 신제국주의 체제로 완전히 바뀔지도 모른다.

## 참고문헌


국가통계포털(2025.5). 상장주식 시가총액. https://kosis.kr/search/search.do?query=시가총액

이진원(2024.12.23). 글로벌·국내 시총 100대 기업. 《Forbes Korea》. https://jmagazine.joins.com/forbes/view/340656

임현진·장진호(2020). 21세기 문명위기와 세계체제론: 이매뉴얼 월러스틴(I. Wallerstein)의 비교역사적 전망. 《아시아리뷰》, 제10권 제2호(통권 20호), 3~35.

HAI(2025). *The 2025 AI Index Report. Human-Centered Artificial Intelligence*. Stanford University.

top.hibuz.com(2025.4.3). 전세계 기업시총 Top20.

Tortoise Media(2023.6). The Global AI Index 2023. https://www.tortoisemedia.com/intelligence/the-global-ai-index-2023/ (검색일 2024.4.14.).

Tortoise Media(2024.9). The Global AI Index 2024. https://www.tortoisemedia.com/data/global-ai#further-reporting (검색일 2025.4.12.)

## 06
## AI 제국주의의 내면: 계층 간 격차와 불평등

AI는 역사상 최악의 불평등 기술이 될 수 있다. AI는 엄청난 생산성 향상과 부를 창출하지만 자동화 · 무인화 · 자율화로 직업의 대학살을 가져오고, 고용 없는 성장, 임금 상승 없는 성장이라는 '탈동조화' 현상을 유발한다. 1%의 AI 귀족과 99%의 '잉여 계급' 또는 '무용 계급' 사이의 양극화는 언제 터질지 모르는 시한폭탄이다. AI가 유발하는 신계급사회를 극복하고 공존 가능하고 지속 가능한 AI 사회를 만들기 위해서는 AI가 창출하는 부를 어떻게 나눌 것인가가 핵심이다.

AI와 야구?

## 제국주의의 내부 모순: 빈부 격차

제국주의 체제에서 종속과 착취를 당하며 비참한 생활을 한 것은 식민지 주민들만이 아니었다. 제국주의 국가 내부의 노동자들의 삶도 식민지 주민들 못지않게 비참했다. 자본과 권력의 공통점은 공유보다는 독점에 있다. 식민지 지배를 통해 축적한 막대한 부의 대부분은 소수의 자본가와 국가권력이 독점했다. 반면 대다수 노동자의 삶은 비참하기 이를 데 없었다. 산업혁명 이전에 대부분의 유럽 주민은 각 지역의 영주 밑에서 농사를 지으며 나름대로 평화롭게 살고 있었다. 그러나 산업혁명이 이들의 삶을 완전히 파괴했다. '인클로저' 운동으로 갑자기 일터를 잃은 주민들은 어쩔 수 없이 일자리를 찾아 도시로 몰려들었다. 그러나 도시는 이들에게 지옥이나 마찬가지였다. 대부분이 주택이나 상하수도 등 아무런 기반 시설이 없는 최악의 환경에서 헐값에 중노동에 시달리다 죽어 나갔다. 산업혁명기 영국 노동자들의 비참한 현실은 1842년에 출간된 채드윅(Edwin Chadwick)의 "영국 노동인구의 위생 상태에 관한 보고서"를 통해 엿볼 수 있다(Chadwick, 1842). 이에 따르면 대표적인 공업도시인 리버풀 주민의 평균수명은 노동자 계급이 15세, 농민 · 상인 계급이 22세, 지주 · 부르주아 계급이 35세에 불과했다(무수천, 2018). 아이들은 불과 6~7세부터 아무런 제재 없이 노동 현장에 투입되었고, 주택이나 보건 위생, 상하수도 등이 전혀 갖추어지지 않은 열악한 주거 환경, 안전장치가 전혀 없는 작업 환경은 노동자들이 각종 전염병과 재해에 시달리다가 짧은 삶을 마감하도록 했다. 산업혁명을 겪은 다른 대부분 국가의 상황도 비슷했다. 오죽했으면 카를 마르크스(Karl Marx)가 《자본론》과 《제국주의론》에서 빈부격차가 극심해진 자본주의 최후 단계가 제국주의이며, 이 단계가 되면 제국주의가 사회주의 혁명에 의해 전복되면서 노동자들이 평등하게 잘사는 세상이 온다고 하였겠는가. 다른 한편에서 제국주의 정부들은 자본주의의 지속 가능성을 위해서는 노동력의 재생산이 필요하다는 사실을 깨달았다. 이에 노동자들에게 노동력의 재생산에 필요한 최소한의 생활 여건을 제공해 주기 위해 기업들에 대한 규제를 펼치고 노동자들을 위한 사회 인프라와 보건 위생에 신경 쓰기 시작했다. 오늘날 사회복지의 출발점이 노동자와 빈자들의 인권이나 삶의 질이 아니라 자본과 권력의 지속 가능한 지배와 착취를 위해서였다는 사실은 점점 잊혀 가고 있다.

## AI와 빈부 격차

전통적인 제국주의와 마찬가지로 AI 제국주의도 내부 구성원들에게 축복보다는 재앙이 될지도 모른다. 이에 대해서는 견해가 엇갈린다. AI가 가져오는 미래에 대해 낙관적인 입장은 주로 AI 제국주의의 선봉에서 'AI 공룡'들을 이끌고 있는 메타의 마크 저커버그(Mark Zuckerberg)나 구글 지주회사 알파벳(Alphabet)의 최고경영자(CEO)인 래리 페이지(Larry Page), 테슬라의 일론 머스크(Elon Musk) 등이다. 이들은 AI가 인류에게 닥친 사회적 난제 해결에 기여하고, 그 혜택이 모든 사람에게 골고루 돌아가며, 모두가 직업을 가질 필요도 없고, 모두가 행복하게 잘사는 세상이 될 거라고 본다. 물론 그 과정에서 크고 작은 문제가 있기는 하겠지만, 인류의 역사를 보면 언제나 신기술의 도입은 일시적인 퇴보를 능가하는 거대한 진보를 거듭해 왔다는 것이다.

그러나 비관적인 입장에서는 AI 제국주의가 기존의 제국주의 못지않게 대다수 시민에게 축복보다는 재앙이 될 수 있다고 본다. 가장 큰 이유는 제국주의와 자본주의의 본질, 그리고 양자의 결합이 가져오는 결과가 오늘날에도 크게 다르지 않다는 점이다. 그 이유는 AI 제국주의는 기존의 사회질서를 해체하고 새로운 질서를 형성하는데, 그 과정에서 극소수의 'AI 귀족'과 일부 'AI 노동자' 그리고 AI에게 일자리를 빼앗긴 대다수의 '잉여 인간'으로 재편될 수 있다고 보기 때문이다. 심지어 AI를 극소수의 부자와 대다수의 빈자로 나누는 '불평등 기계'로까지 보기도 한다(리카이푸, 2018).

그 이유를 구체적으로 살펴보자. 첫째, 인류 역사에서 신기술의 도입에 따른 농업혁명이나 산업혁명과 마찬가지로 AI 기술도 기존의 질서를 파괴하고 새로운 질서를 창조한다. AI는 특정 직업이나 특정 산업에만 영향을 미치는 것이 아니라 모든 직업과 모든 산업에 영향을 미치는 범용 기술(GPT, General Purpose Technology)이자 파괴 기술이다. 가장 큰 특징은 직업의 재편이다. 특히 AI로 인한 자동화, 무인화, 자율화는 '직업의 대학살'과 '직업의 대멸종'을 가져올 수 있다. 이미 AI로 인해서 수많은 직업이 사라지고 있다. 더 큰 문제는 기존의 기술들이 육체노동 중심의 블루칼라 직업을 주로 대체하였다면 AI는 고학력 전문직 화이트칼라 직업까지 무차별적으로 잠식하고 있다는 점이다. 육체노동은 로봇과 기계 기술이 대체하고, 지식노동은 AI가 대체하기 때문이다. 이미 2013년 옥스퍼드 대학의 칼 베네딕트 프레이와 마이클 오스본 교수는 향후 10~20년 사이에 자동화로 사라질 가능성이 높은 일자리가 47%에 달한다고 보았다(Frey & Osborne, 2013). 2023년 한국은행 고용분석팀의 "AI와 노동시장 변화"라는 보고서(한지우 · 오삼일, 2023)에서도 우리나라 취업자 중 약 341만 명(전체 취업자 수 대비 12%)의 일자리는 AI 기술에 의해 대체 가능성이 높은 것으로 나타났다. 특히 고학력 · 고임금 일자리가 상대적으로 AI에 더 많이 노출돼 대체될 수 있는데, 여기에는 의사, 회계사, 자산 운용 전문가, 변호사 등도 포함된다. 미국 골드만삭스가 2023년 직종별 AI 노출도를 분석한 결과에서도 모든 직업의 25% 정도가 AI에 의해 대체될 수 있는데, 특히 행정(46%), 법률(44%) 등 기존의 고학력 전문직 일자리 노출도가 높은 것으로 나타났다(Goldman Sachs, 2023). 대체 가능성이 높은 직업일수록 고용률도 떨어지고 임금 상승률도 떨어진다.

물론 이에 대해서는 반론도 있다. 특히 신기술로 사라지는 일자리 못지않게 새로운 일자리가 생겨나는 것이 지금까지 인류 역사에서 보편적인 진리라는 것이다. 예를 들어, 의사, 아나운서, 회계사, 변호사, 투자 분석가, 번역가, 프로그래머, 엔지니어 등의 일자리가 사라져 가는 대신에, 질 높은 질문을 던져서 AI를 훈련시키는 '프롬프트 엔지니어'라는 직업이 생겨난다. 문제는 사라지는 일자리보다 생겨나는 일자리의 개수가 적을 뿐만 아니라 사라지는 일자리에 종사하던 사람들이 새로 생겨나는 일자리로 옮겨 가는 것도 현실적으로 거의 불가능하다는 점이다. 요구하는 능력이나 자격이 다르기 때문이다.

둘째, AI가 기존의 어떤 신기술보다도 생산성과 부를 증가시켜 줄 수 있지만, 문제는 이러한 성과가 극소수 집단에게만 귀속될 수 있다는 점이다. AI로 인한 자동화·무인화·자율화는 고용 없는 성장, 임금 상승 없는 성장을 유발한다. 예를 들어, 삼성전자나 현대자동차 같은 우리나라 최고 기업들이 제품의 생산·유통·판매·서비스에 AI를 도입하여 자동화하고 무인화할 경우 그 혜택은 극소수의 기업 경영진과 고위직에게 집중될 수밖에 없다. 이러한 현상을 브린욜프슨과 맥아피(Brynjolfsson & McAfee, 2016)는 《제2의 기계의 시대(The Second Machine Age)》라는 책에서 "거대한 탈동조화(great decoupling)"라고 불렀다. 즉 기계에 의한 생산성 향상이 소득 향상과 일치하지 않고, 부의 창조와 일자리 창출이 점점 단절되는 현상이 발생하고 있다는 것이다. 실제로 이런 현상은 선진국의 경제 양극화를 심화해 정보기술의 편익이 상위 1%에게 집중되는 현상을 유발하고 있다.

2017년 기준으로 미국의 상위 1%는 하위 90%의 부를 다 합친 것보다 거의 두 배나 되는 부를 소유하고 있다(리카이푸, 2018). 또한 2023년 기준으로 미국의 최저임금은 7.25달러(약 9425원)로 세계 23위 수준이나 평균임금은 연간 8만 115달러(약 1억 1216만 원)으로 세계 4위에 올랐다. 최저임금과 평균임금 간의 격차가 크다는 것은 소득 불평등이 그만큼 심각하다는 것을 의미한다(OECD, 2025). 이러한 현상은 AI로 인해 더욱 심화하고 있다. AI가 가진 '선점 효과'와 '승자 독식' 성향은 전통적인 중산층을 붕괴시켜 하위층으로 밀어내면서 1%의 부자와 99%의 빈자로 양분되는 세상을 만들고 있다(리카이푸, 2018).

셋째, AI로 인한 일자리 소멸은 일자리를 필요로 하는 사람들 사이의 경쟁을 심화하고, 이는 자연스럽게 임금 하락과 복지 축소로 이어진다. 일자리를 찾는 대부분의 사람은 열악한 임금, 낮은 처우, 불안한 신분 등을 감수하고 소모품처럼 임시직 · 일용직으로 쓰이다 버려지는 일이 반복될 수 있다. 이와 같은 단기 계약직 · 임시직 노동자인 '긱 워커(gig worker)'가 대부분을 차지하는 '긱 경제(gig economy)'는 소득과 소비의 양극화와 불평등을 극대화한다. 이는 새로운 계급 사회, 새로운 신분 사회라는 AI 디스토피아를 현실로 만들 수도 있다.

## AI 제국주의의 내부 모순 해결책

세계적인 미래학자이자 석학인 이스라엘의 유발 하라리(2018)는 AI가 기존의 경제구조를 파괴하고 노동력을 대체해 수많은 사람을 쓸모없는 '무용 계급(useless class)'으로 만들 수 있다고 경고했다. 인간의 육체적 능력이 로봇으로 대체되고 정신적 능력이 AI로 대체되면서 어디에도 쓸모없게 될 수 있기 때문이다. 존재 가치를 부정당하고 쓸모없어진 인간들은 그 자체로 언제 터질지 모르는 거대한 '시한폭탄'이다. 역사적으로도 대부분의 민란, 반란, 폭동, 혁명이 극단적인 불평등과 양극화에서 발생했기 때문이다.

AI 제국이 스스로 붕괴되는 것을 막고 구성원들이 공존하며서 지속 가능하기 위해서는 어떻게 해야 할까? 산업혁명 초기 자본가와 노동자 사이의 극단적인 불평등이 자본주의 체제 자체를 위협했지만, 자본가의 탐욕을 억제하는 각종 규제 정책과 노동자의 권익을 신장시키는 각종 복지 정책을 통해서 사회적으로 용인 가능한 불평등 수준을 유지하면서 자본주의 체제는 생존해 왔다. AI가 불평등 기술, 사탄의 기술, 악마의 기술이 되지 않기 위해서는 용인할 만한 수준으로 AI의 내부 모순을 해결하기 위한 대책을 강구해야만 한다. 가장 핵심은 극소수 AI 귀족에게 집중되는 부를 어떻게 대다수 약자들과 나눌 것인가다. 그 대안 중의 하나로 진지하게 논의되는 것이 '기본 소득' 제도다. 극소수 AI 귀족들로부터 수익의 일정 부분을 세금으로 거둬들인 뒤 이를 대다수 약자에게 나눠 주자는 것이다. 산업혁명기 복지 제도가 노동력의 재생산과 소비의 활성화를 통해 자본주의의 지속가능성을 확보해 주었듯이, 기본 소득을 통해서 약자들의 삶도 보장해 주고 소비도 보장해 주어야 경제가 붕괴하지 않고 돌아간다는 것이다. 현대자동차나 삼성전자가 완전 자동화로 노동자들을 다 해고한다면, 직장도 잃고 소득도 없는 노동자들이 어떻게 자동차를 구매하고 휴대폰을 구매할 수 있겠는가. 결국은 자본가도 노동자도 다 망하게 될 수 있다. 양보를 통한 공존의 지혜가 필요하다. 문제는 기본 소득을 위한 재원을 어떻게 마련할 것인가에 있다. 자동화를 위해 도입한 로봇에 대해서 '로봇세'를 거둬들이거나, 개인들이 제공한 데이터를 바탕으로 AI를 만들고 있기 때문에 '데이터세'를 거둬들이는 방안도 있다. 인류 역사를 보면 항상 문제를 인지하면 해결책을 만들어 왔다. AI 시대에도 문제를 해결하기 위한 현명한 해결책을 기대해 보자.

## 참고문헌

무수천(2018). 산업혁명 시기의 도시 노동자 평균수명은 고작 15세?, 서양근대사/역사이야기. https://blog.naver.com/minjune98/221190214276

한지우·오삼일(2023). AI와 노동시장 변화. 《BOK 이슈노트》, 제2023-30호. Bank of Korea.

Brynjolfsson, E. and McAfee, A.(2016). *The Second Machine Age: Work, Progress, and Prosperity in a Time of Brilliant Technologies.* W.W. Norton & Company, Inc.

Chadwick, E.(1842). 1842 Reports on the Sanitary Condition of the Labouring Population of Great Britain. https://archive.org/details/reportonsanitary00chadrich/page/32/mode/2up

Frey, C. B. & Osborne, M.(2013). The Future of Empolyment: How Susceptible are Jobs to Computerization?, https://oms-www.files.svdcdn.com/production/downloads/academic/The_Future_of_Employment.pdf

Goldman Sachs(2023.3.26). The Potentially Large Effects of Artificial Intelligence on Economic Growth. *Goldman Sachs Economics Research.*

Harari, Y. N., et al.(2018). 未来を読む:AIと格差は世界を滅ぼすか. PHP研究所. 정현옥 옮김(2019). 《초예측-세계 석학 8인에게 인류의 미래를 묻다》. 웅진지식하우스.

Lee, Kai-Fu(2018). *AI Superpowers: China, Silicon Valley, and the New World Order.* Harper Business. 박세정·조성숙

옮김(2018). 《AI 슈퍼파워》. 이콘.
OECD(2025). Average annual wages, US dollars, 2023. https://www.oecd.org/en/data/indicators/average-annual-wages.html

## 07
# AI 제국 간 충돌:
# 미·중 AI 패권 전쟁

미국과 중국 간 AI 전쟁이 본격화되고 있다. 미국은 세계시장에서 수집하는 대규모 데이터, 강력한 반도체 칩 경쟁력, 거대 AI 공룡 들을 앞세운 초거대 AI 파운데이션 모델을 장악하고 세계 제패를 눈앞에 두고 있다. 중국은 거대 내수시장을 바탕으로 방대한 데이터, 풍부한 전문 인력, 딥시크와 같은 가성비 높은 초거대 AI 개발과 오픈소스 전략을 무기로 미국에 강력하게 도전하고 있다. 미 · 중 AI 패권 전쟁에서 승리한 국가가 세계를 지배할 것이다.

AI와 운동주?

## AI 제국 간 충돌

인류 역사를 돌이켜 볼 때 세계 패권을 놓고 벌인 제국 간의 전쟁은 끊임이 없었다. 역사상 어느 제국도 넘쳐나는 힘을 자제하고 참는 경우는 없었다. 제국들의 끝없는 팽창욕, 정복욕, 지배욕은 결국 충돌과 전쟁을 불러왔다. 고대 지중해의 패권을 놓고 로마제국과 카르타고 간의 충돌, 중세 유럽의 패권을 놓고 동로마 제국과 오스만 튀르크 제국 간의 충돌, 대항해 시대에 대서양 패권을 놓고 스페인 제국과 대영제국 간의 충돌, 산업혁명 시대에 북미와 아프리카 그리고 아시아 식민지를 놓고 대영제국과 프랑스 제국 간의 충돌, 20세기 초 유럽의 패권을 놓고 독일 제3제국과 연합국(러시아 · 영국 · 미국) 간의 충돌, 태평양과 동아시아 패권을 놓고 일본제국과 미국제국 간의 충돌, 2차 세계대전 이후 세계 패권을 놓고 미국과 소련 간의 냉전 등 끊임이 없었다. 1988년 소련의 해체와 냉전의 종식은 세계질서를 미국 중심의 일극 체제로 재편하면서 더 이상 제국 간의 충돌 없이 평화가 지속되는 듯했다. 그러나 짧은 평화는 중국의 부상과 함께 서서히 막을 내리고 있다. 수천 년간 동아시아의 유일 패권 제국으로 군림했던 중국은 산업혁명의 실패와 더불어 서구와 일본제국의 식민지 먹잇감으로 전락하며 굴

욕의 세월을 보냈다. 모택동의 중화인민공화국 건국 이후에도 오랫동안 3류 국가에 머물러 있었다. 그러나 2000년대 이후부터 오랫동안의 겨울잠을 깨고 다시 세계 무대의 전면에 등장하기 시작했다. 주된 이유는 IT 혁명과 그 뒤를 이은 AI 혁명 때문이다. 중국은 국가전략 차원에서 IT 굴기를 넘어 AI 굴기를 외치며 세계 패권을 장악하기 위한 과감한 발걸음을 내딛고 있다.

중국의 부상은 필연적으로 세계 유일 초강대국의 지위를 지키려는 미국과의 충돌을 불러올 수밖에 없다. 미국은 '사이버 대항해 시대'부터 현재에 이르기까지 수많은 빅테크 기업들과 AI 공룡들을 앞세워 전 세계를 지배하는 초거대 제국으로 군림해 왔다. 중국은 거대한 내수 시장, 방대한 데이터, 풍부한 전문 인력을 바탕으로 'BATH'(바이두, 알리바바, 텐센트, 화웨이)를 비롯한 수많은 빅테크 기업을 키워 냈고, 위챗이나 틱톡 등의 소셜 네트워크 서비스(SNS) 플랫폼 개발, 샤오미와 오포 등의 스마트폰 제조, 반도체 굴기를 앞세운 칩 역량 강화, 딥시크를 비롯한 초거대 AI 파운데이션 모델 개발 등을 통해 미국에 도전장을 내밀고 있다. 이에 불편함을 느낀 미국은 중국의 부상을 견제하는 정도를 넘어 아예 주저앉히려 하고 있다. 이에 맞서 중국도 아프리카나 동남아시아, 남미와 중동 등 미국의 손길이 덜 미치는 지역을 공략하는 등 세계에서의 영향력을 서서히 넓혀 가고 있다. 미국과 중국의 AI 패권 전쟁은 당분간 격화될 것이며, 어느 제국도 결코 물러서지 않을 것이다. 국가의 명운을 걸고 모든 수단을 총동원하여 치열하게 싸울 것이다. AI 세계 패권을 위한 중국의 도전과 미국의 응전을 구체적으로 살펴보자.

## 미·중 데이터 전쟁

더 많은 데이터는 더 좋은 AI 모델과 서비스를 만들고, 이는 더 많은 사용자를 불러 모은다. 더 많은 사용자는 더 많은 데이터를 만들어 내고, 이것은 다시 AI의 성능을 높이는 데 활용된다. 데이터와 AI 간의 선순환 모델은 한 번 만들어지면 후발주자가 끼어들기 어려운 선점 효과와 독점 효과를 발휘한다. 미국은 일찌감치 구글을 통한 포털 시장과 지리정보(GIS) 시장 장악, 페이스북을 통한 SNS 시장 장악, 아마존을 통한 전자상거래 시장 장악 등으로 AI와 데이터 간의 선순환 구조를 선점해 왔다. 이에 과감하게 도전장을 내밀며 들어간 유일한 나라가 중국이다. 중국은 공산주의 국가답게 미국의 검색엔진, 지도 서비스, SNS, 전자상거래 기업의 자국 침투를 막고 자국의 기업들을 육성했다. 이렇게 해서 탄생한 중국의 검색 엔진으로는 바이두, 소고, 소소, 시나, 텐센트, 360 검색, 소후 등이 있다. SNS로는 웨이보, 웨이신(위챗), 햐오홍슈, 또우인(틱톡), 텐센트 QQ 등이 있다. 전자상거래 업체로는 알리바바(알리익스프레스), 판둬둬(테무), 더우인(틱톡샵), 쉬인 등이 있다. 이 밖에도 스마트폰 제조업체로 화웨이, 샤오미, 오포, 비보, ZTE, 레노버 등이 있다. 이들 기업은 미국의 세계시장 선점에도 불구하고 생존을 넘어 성장하면서 점점 더 세계시장 점유율을 높여가고 있다. 그 비결은 두 가지다. 첫째는 정부 차원에서 미국 기업의 중국 진출을 원천적으로 막아 자국 기업을 키운 것이고, 둘째는 14억이라는 엄청난 인구를 바탕으로 한 거대한 내수시장 때문이다. 예를 들어 2022년 기준으로 중국은 인터넷 쇼핑 이용자 수 8억 4500만 명, 2021년 12월 기준으로 검색엔진 이용자 수 8억 2900만 명, 2024년 기준 SNS 이용자 수 10억 명, AI 이용자 수 9억 4000만 명에 달한다(변용섭, 2025). 거대한 국가의 엄청난 사람들이 날마다 만들어 내는 데이터는 결코 미국에 뒤지지 않는다. 오히려 미국과의 데이터 전쟁에서 앞서 나가는 측면도 있다. 개인정보 보호 규제가 미국이나 선진국보다 느슨하여 거의 무제한으로 개인정보를 수집하고 이용할 수 있기 때문이다.

중국 기업의 성장 과정은 대체로 비슷하다. 초기에는 낮은 기술력과 저급한 비즈니스 모델로 출발한다. 세계시장에는 발도 못 붙일 수준이다. 그러나 엄청난 내수시장과 정부의 강력한 지원을 받아 생존을 유지하면서 서서히 기술력을 축적하고 체급을 키워 나간다. 그러다가 기술과 체급이 일정 수준을 넘어서게 되면 드디어 세계시장으로 진출한다. 세계시장에서도 초기에는 제3세계나 저개발국가의 저가 시장부터 공략해 들어간다. 그러다가 시간이 지나면서 차츰 미국 기업들이 점령하고 있던 선진국의 고가 시장까지 넘보며, 나중에는 미국 본토 시장마저 공격한다.

이러한 중국의 도전에 미국도 처음에는 별 신경을 쓰지 않는다. 그러나 중국이 점점 세계시장 점유율을 높여 나가면 불편함을 느끼고, 미국 시장까지 치고 들어오면 위기감을 느낀다. 결국 미국 정부가 대응에 나설 수밖에 없게 된다. 실제로 미국은 2024년 4월 중국의 '틱톡' 사업권을 미국에 매각하도록 하는 틱톡 강제매각법을 통과시켰다. 틱톡 운영사인 '바이트댄스'가 1억 7000만 명에 달하는 미국 틱톡 이용자의 데이터를 중국 정부에 유출할 수 있다는 우려 때문이다. 이에 틱톡 측은 소송으로 대응했으나 미국 항소법원이 2024년 12월에 합헌 결정을 내림으로써 사업권 매각이 불가피해졌다(박지민, 2024). 또한 미국은 화웨이 · ZTE 등 중국 통신 장비와 CCTV에 대한 미국 수입도 전면 금지했다. 중국이 통신 장비에 백도어를 심어 미국의 데이터와 정보를 몰래 빼가 국가 안보에 위협이 된다는 이유에서다. 미국뿐만 아니라 캐나다, 영국, 호주 등도 이에 발맞춰 수입 금지 조치를 내렸다(이상덕, 2022). 이와 반대되는 사례도 있다. 중국의 '디디추싱'이라는 차량 호출 앱은 우리나라의 '카카오택시'와 유사한 서비스로 중국의 차량 호출 시장을 독점하고 있다. 중국 내 앱 이용자만 3억 7700만 명에 달하며, 수천만 명의 운전자와도 연결되어 있다. 디디추싱은 중국 시장 점령을 넘어 미국 시장을 공략하기 위해 2021년 6월 미국 뉴욕 증시에 상장했다. 순식간에 44억 달러(약 5조 433억 원)의 투자금을 모으는 등 대박이 났다. 그러나 이틀 뒤 중국 당국은 디디추싱의 뉴욕 증시 상장이 국가 안보를 위협했다며 조사에 착수하고 스마트폰 앱스토어에서 디디추싱 관련 앱들을 제거하도록 명령했다. 개인정보 보호 제도가 취약한 중국에서 14억 인구를 대상으로 확보한 데이터가 미국 증시 상장 과정에서 미국 회계 당국에게 넘어갈 것을 우려했기 때문이다(박민희, 2021). 이렇듯 미국과 중국은 자국의 데이터를 지키고 상대방의 데이터를 빼내기 위한 데이터 전쟁을 본격적으로 시작했고, 어느 쪽도 쉽게 물러서지 않고 있다.

## 미·중 칩(반도체) 전쟁

AI를 만들기 위해서는 데이터와 함께 반도체 칩이 필요하다. 데이터가 소프트웨어의 '석유'라면, 반도체는 하드웨어의 '쌀'이다. 현대사회에서 반도체가 안 들어가는 기계나 설비를 찾기 어렵다. 반도체는 모든 제조업의 심장일 뿐만 아니라 AI를 만들기 위한 필수 요소다. 따라서 미 · 중 AI 전쟁의 또 다른 양상은 반도체 칩 분야에서 벌어지고 있다.

현재까지 AI 패권 전쟁에서 중국의 가장 치명적인 약점이자 아킬레스건은 반도체 칩이다. AI에 필요한 그래픽처리장치(GPU)는 미국의 엔비디아가, 고대역폭 메모리반도체(HBM)는 우리나라의 SK하이닉스와 삼성전자 그리고 미국의 마이크론이, 시스템반도체는 대만의 TSMC와 우리나라의 삼성전자가 장악하고 있기 때문이다. 이에 중국은 2018년부터 '반도체 굴기'를 내세워 자국의 반도체 산업을 육성하려 하고 있다. '빅 펀드(big fund)'를 조성해 천문학적 자금도 쏟아붓고 있다. 그러나 아직은 갈 길이 멀다. 2024년 현재 세계 반도체 칩 시장에서 첨단으로 분류되는 3nm(나노미터) 이하의 칩은 삼성전자와 SK하이닉스, 인텔, TSMC만 생산 가능하다. 중국의 최대 반도체 칩 제조업체인 SMIC는 7nm보다 낮은 사양의 제품만 생산하고 있다. 그럼에도 10년 정도 지난 기술인 28nm 이상의 레거시(legacy) 칩에서는 중국이 강점을 보이고 있다. 현재 50~80nm 칩의 70% 이상을 중국과 대만에서 생산하고 있기 때문이다(윤두영, 2024). 중국이 가치가 떨어지는 저사양 칩 생산에 주력하면서도 버텨 나갈 수 있는 이유는 내수시장 때문이다. 거대한 내수시장과 강력한 정부 지원을 등에 업고 버티면서, 다른 한편으로는 풍부한 전문 인력을 활용하여 기술을 축적하고 있다. 당장에 필요한 첨단 반도체 칩은 SK하이닉스나 삼성전자 등 외국에서 수입하면서도 초거대 AI나 최신 스마트폰 등에 필요한 첨단 반도체 칩을 제조하기 위한 기술 개발과 설비 투자를 지속하고 있다. 중국 정부는 AI 굴기의 성패는 반도체 칩에 달려 있다는 사실을 명확하게 알고 있다. 또한 디스플레이, 배터리, 전기차, 스마트폰 등 다른 첨단 분야에서와 마찬가지로 시작은 미약하지만 언젠가는 최첨단 시장까지 장악하면서 우뚝 설 수 있다고 자신하고 있다.

이에 미국도 중국의 반도체 칩 경쟁력을 약화하기 위해 강력한 정책을 펴고 있다. 첫째, 첨단 반도체 제조 장비의 대중국 수출을 금지하고 있다. 현재 세계 최고의 반도체 제조 장비 생산업체는 네덜란드의 ASML이다. 미국은 ASML에 압력을 넣어 7nm 이하의 첨단 반도체 제조에 필수인 극자외선(EUV) 노광장비의 중국 수출을 금지시켰다. 또한 네덜란드와 일본이 반도체 제조 범용 장비인 심자외선 노광장비(DUV)를 중국에 수출하는 것도 막고 있다. 한국의 삼성전자나 SK하이닉스가 중국에 반도체 설비 투자를 하는 것도 제한했다. 둘째, 미국은 중국의 반도체 굴기를 막기 위해 중국에 첨단 반도체를 수출하는 것도 막고 있다. 2022년 미국 상무부는 미국 엔비디아와 AMD에게 중국이 군사용으로 사용할 우려가 있는 반도체 칩 수출을 금지했다. 2023년에는 첨단 AI 반도체의 대중국 수출도 통제했다. 여기에는 당연히 한국의 삼성전자나 SK하이닉스의 고대역폭 메모리반도체(HBM) 수출 통제도 포함된다(구기보, 2024). 또한 중국의 칩 경쟁력 향상에 조금이라도 도움이 될 만한 모든 것을 통제하고 있다. 미국산 제품뿐만 아니라 미국의 소프트웨어나 장비, 기술이 사용된 것도 통제하고, 다른 나라를 우회해서 수출하는 것까지도 막고 있다. 특히 미국 의회는 중국의 '딥시크'가 수출 허가 없이는 중국에 판매가 금지된 엔비디아의 칩을 불법으로 취득하여 개발했다는 보고서를 냈다. 향후 중국으로 향하는 반도체 칩에 대한 통제를 더욱 강화하고, 고급 칩에 대해서는 위치 추적 장치까지 삽입하여 제3국을 경유한 우회 수출까지 통제하도록 하고 있다(U.S. Congress, 2025).

다른 한편 미국은 반도체 칩 분야에서 중국과의 격차를 넓히고 자국의 칩 경쟁력을 높이기 위한 노력도 적극 펼치고 있다. 대표적인 사례가 2023년 2월에 제정한 반도체지원법(CHIPS Act)이다. 이 법의 핵심 내용은 해외에 나가 있는 자국 반도체 기업의 본국 유턴(리쇼어링)뿐만 아니라 한국이나 대만 등 첨단 반도체 제조업체의 미국 내 공장 설립을 유도하는 것이다. 미국 내에 반도체 공장을 지으면 보조금을 주지만, 미국 외에서 생산해 들여올 경우 높은 관세를 부과하는 방식이다. 결국 미국의 전략은 중국의 반도체 칩 경쟁력은 약화하고 자국의 경쟁력은 강화해 반도체 칩 분야의 절대 강자로 올라서려는 것이다. 그러나 미국의 중국에 대한 반도체 칩 봉쇄 조치가 오히려 중국의 반도체 자강과 자립을 촉진할 수 있다는 우려도 제기되고 있다.

## 미·중 초거대 AI 파운데이션 모델 전쟁

2025년 2월 중국의 AI 스타트업 '딥시크(DeepSeek)'가 미국을 비롯한 세계시장에 준 충격은 엄청났다. 21세기의 '스푸트니크 모먼트'에 버금갈 정도였다. 딥시크의 모바일 앱은 출시되자마자 앱스토어에서 1위에 올랐고, 엔비디아 -17.7%, TSMC -14% 등 AI 관련 업체들의 주가는 폭락했다. 기존 AI 공룡들도 AI 개발의 가성비 측면에서 큰 비판을 받았다. 연구 개발 인력이 150명 남짓밖에 안 되어 미국의 AI 공룡들과는 비교할 수 없을 정도로 작은 중국의 AI 스타트업이, 미국의 수출 통제로 첨단 반도체 칩도 쓰지 못하는 상황에서, 챗GPT보다 18분의 1 정도밖에 안 되는 비용으로, 미국의 최신 초거대 AI 파운데이션 모델과 동등하거나 능가하는 성능을 발휘하는 AI를 만들었기 때문이다. 미국 정부도 깜짝 놀랄 수밖에 없었다. 저가 · 저사양 AI 시장은 중국에 내줄지라도 첨단 AI 시장에서는 절대 우위를 점하고 있다는 자신감이 무참히 깨졌기 때문이다. 미국이 AI 분야에서 중국에 18개월 앞서고 있다는 믿음은 현실을 왜곡한 것이며, 실제로는 3개월 정도 차이밖에 나지 않는다는 반성도 일어났다(U.S. Congress, 2025). 또한 그동안 정석으로 여겨졌던 초거대 AI 파운데이션 모델 개발 패러다임에 근본적인 의문을 제기하면서, 미국 AI 공룡들의 미래도 불투명하게 만들었다. 자만심에 들떠 있던 미국의 발등에 불이 떨어진 것이다.

이에 미국은 부리나케 딥시크 금지 정책을 펴기 시작했다. 2025년 4월 16일 미국 하원 미중전략경쟁특별위원회는 딥시크가 미국 안보에 '심각한 위협(profound threat)'이 되고 있다는 보고서를 냈다. 딥시크가 중국으로 데이터를 유출하고 이용자 보안 취약점을 만들어 내며 중국 법에 따라 정보를 은밀히 검열하고 조작하는 모델이라는 것이다. 또한 불법적인 모델 추출 기술을 사용하여 모델을 만들고, 오픈AI 등 미국의 주요 AI 모델을 도용했을 가능성이 높다는 점도 밝혔다. 또한 딥시크의 개발이 미국의 기술 리더십과 국가 안보를 위해 중요한 미국 정책을 불법적으로 약화하려는 중국공산당(CCP)의 일반적인 전술에 기반한다는 점도 제시했다(U.S. Congress, 2025). 이에 앞서 2025년 2월 미국 공화당의 조시 홀리(Josh Hawley) 상원의원은 중국의 딥시크 앱을 사용할 경우 개인은 최대 100만 달러의 벌금이나 20년 이하의 징역형, 기업은 최대 1억 달러의 벌금형에 처할 수 있는 법안을 발의했다. 미국 해군도 업무용과 개인용 모두에서 딥시크 사용을 금지했으며, 항공우주국

(NASA)도 정부 발급 기기와 네트워크에서 딥시크 사용을 금지했고, 텍사스주 등에서도 금지에 나섰다. 가장 큰 이유는 두 가지다. 첫째는 딥시크가 틱톡 못지않게 미국의 안보에 위협이 될 수 있다는 점이고, 둘째는 중국의 AI 경쟁력을 약화하기 위함이다(AI 에디터, 2025). 미국의 AI 공룡들도 발 빠르게 움직이고 있다. 메타는 중국의 AI 성능 검증을 위한 '워룸(War Room)' 네 개를 꾸렸고, 오픈AI는 딥시크의 데이터 무단 유출 여부를 조사하기 시작했다. 또한 다른 AI 공룡들도 앞다퉈 딥시크의 개발 방법과 성능을 검증하고 대응책 마련에 나서기 시작했다.

이에 대해 중국은 두 가지 전략을 내세우고 있다. 첫째는 초거대 AI 파운데이션 모델을 저비용으로 개발하며, 많은 우군을 모아 AI 생태계를 장악하기 위한 오픈소스 전략이다. 소스 코드와 데이터까지 완전 공개하여 더 많은 참여자와 더 넓은 입지를 확보하려 하고 있다. 이는 미국에 종속되는 것을 꺼려 하는 동남아, 아프리카, 중동, 남미 등의 AI 주변부 국가들을 우군으로 포섭하여 미국에 대항하려는 의도다. 특히 오픈소스는 AI의 설계도라 할 수 있는 소스 코드를 공개해 누구나 수정·배포할 수 있게 함으로써, 개발 비용을 대폭 줄이면서 성능 개선을 빠르게 할 수 있다는 장점이 있어 많은 국가와 기업들이 관심을 가질 수밖에 없다. 심지어 웬만한 기업이나 개인도 딥시크 오픈소스를 활용하여 자신만의 생성형 AI 모델을 구축하는 것이 가능할 수도 있다.

둘째는 미국과는 다른 독자적인 AI 일상화 · 범용화 전략이다. 2024년 발표한 'AI+' 행동 계획을 통해 이를 적극 추진하고 있다. 모든 산업과 모든 응용 분야에 AI를 적용하여 세계 최고의 AI 선진국으로 도약하려는 것이다. 로봇과 AI를 결합한 '지능형 로봇'과 '휴머노이드 로봇'을 비롯하여 '신체화 AI(Embodied AI)', '지능형 자동차', '지능형 도시' 등이 대표적이다(이정아, 2025). 이는 전 세계 AI 주변부 국가들이 미국 방식, 미국 모델을 따르지 않고 보다 저렴하고 보다 쉬우며 보다 보편적인 중국 모델을 따라오도록 하려는 것이다.

이상에서 살펴본 바와 같이 중국의 'AI 굴기'와 미국의 '중국 AI 고사 전략'이 맞붙은 AI 패권 전쟁은 각 분야에서 한동안 계속될 것이다. AI는 국가의 전략 자산이자 안보 자산이며, AI 경쟁력은 국가 경쟁력이기 때문이다. AI 거대 제국 간의 패권 전쟁 틈바구니에서 AI 독립국으로서 주권을 지키기 위한 각국의 대응도 더욱 빨라질 것이다.

## 참고문헌


구기보(2024). 미국의 대중국 반도체 통제내용과 영향. 《CSF 중국전문가 포럼》.

박민희(2021.7.12). [유레카] 디디추싱과 미-중 '데이터 전쟁'. 《한겨레신문》. https://www.hani.co.kr/arti/opinion/column/1003150.html

박지민(2024.12.7). 美법원 "틱톡 강제 매각 합헌...내달까지 미국 내 사업권 팔아야". 《조선일보》. https://www.chosun.com/economy/tech_it/2024/12/07/4RCRGQYM6ND4LKIAQUYUV3L5L4/

변용섭(2025.4.4.). AI 인재 넘치는 중국...일상 활용에도 적극적. 《한겨레신문》. https://www.hani.co.kr/arti/economy/economy_general/1190615.html

윤두영(2024.5.25). 믿는 구석 있는 '중국 반도체 굴기'. 《Fortune Korea》. https://www.fortunekorea.co.kr/news/articleView.html?idxno=38558

이상덕(2022.11.27). "국가안보에 용납 못할 위험"...미, 화웨이·ZTE 통신장비 수입금지. 《매일경제》. https://www.mk.co.kr/news/stock/10546436

이정아(2025). 중국의 인공지능(AI) 정책·전략 현황과 변화 방향. 《The AI Report》. 한국지능정보사회진흥원.

AI 에디터(2025.2.5). 중국 AI 챗봇 딥시크 사용자, 美서 20년 징역형 위기...왜? 《ZDNET Korea》. https://zdnet.co.kr/view/?no=20250205142354

United States Congress(2025.4.16). DeepSeek Unmaksked: Exposing the CCP's Latest Tool for Spying, Stealing, and

Subverting U.S. Export Control Restrictions. The Select Committee on the Strategic Competition Between the United States and the Chinese Communist Party.

## 08
## AI 제국주의와 유럽의 대응

수백 년간 제국주의 선봉에 서 있던 유럽은 2000년대 인터넷 혁명에서부터 밀리기 시작하여 최근에는 AI 식민지로 전락할 위험에 처해 있다. 이에 '디지털시장법'과 '인공지능법' 등 촘촘한 규제 그물망을 형성하여 AI 제국주의의 침략을 막고 있다. 그러나 규제는 혁신을 어렵게 하고 자국의 AI 산업 육성에도 걸림돌이 된다는 반성에 따라 2025년부터는 수세에서 공세로 전략을 바꿨다. 'AI 챔피언스 이니셔티브', 'AI 대륙행동계획' 등을 수립하고 AI 육성에 막대한 투자를 하면서 미·중 중심의 AI 패권 전쟁에 본격적으로 뛰어들고 있다.

AI와 한의학?

## AI 시대, 유럽의 위상과 현실

15세기부터 시작해서 근대 산업혁명을 거치면서 유럽은 세계를 지배하는 제국주의의 중심이었다. 대항해 시대에 전 세계 바다를 누비며 식민지를 건설했던 스페인과 포르투갈, 산업혁명 이후에 해가 지지 않는 대제국을 건설했던 대영제국, 이에 맞서 전 세계에서 대영제국과 치열하게 식민지 쟁탈전을 벌였던 프랑스, 1차 세계대전과 2차 세계대전을 일으키며 유럽 전체를 장악하려 했던 독일 제국 등의 위상은 대단했다. 2차 세계대전 종식과 함께 근대 제국주의가 해체되고 식민지들이 독립을 이뤘지만, 유럽은 여전히 미국과 함께 경제 제국주의의 선봉에 서 있었다.

그러나 유럽의 위상은 2010년대와 2020년대를 거치면서 급속히 추락하고 있다. 가장 결정적인 이유는 2000년부터 시작된 인터넷 혁명과 사이버 대항해 시대에 적절히 대응하지 못했기 때문이다. 미국은 2000년대부터 사이버 신대륙을 차지하기 위한 '빅테크' 기업들을 적극 육성하면서 세계시장을 장악했지만 그사이에 유럽은 단 하나의 빅테크 기업도 키우지 못했다. 유럽연합(European Commission, 2024)의 보고서에 따르면 미국은 지난 50년간 시가총액 1조 유로(약 1480조 원) 이상인 기업을 여

섯 개나 키웠지만, 유럽은 시가총액 1000억 유로(약 148조 원) 이상인 기업도 단 하나 키우지 못했다. 구글, 메타(페이스북), 아마존 등이 검색 플랫폼과 전자상거래를 기반으로 데이터 생태계를 장악하고, 엔비디아와 인텔, 한국의 삼성전자와 SK하이닉스, 대만의 TSMC 등이 반도체 칩 시장을 장악할 때 유럽은 손을 놓고 있었다. 최첨단 AI에서도 유럽은 미국과 중국에 절대 열세다.

유럽의 쇠락은 각종 지표를 통해서 확인할 수 있다. 국제통화기금(IMF)에 따르면 2023년 유로존 27개국의 국내총생산(GDP)은 15조 700억 달러로 미국 26조 8600억 달러의 절반 규모(56%)다. 2008년만 해도 미국과 유로존의 GDP는 거의 차이가 없었다(나현준, 2024). 1992년 유럽 5대국인 영국, 프랑스, 독일, 이탈리아, 스페인의 GDP가 미국 전체의 GDP보다 2455억 달러 많았지만, 2023년에는 미국의 GDP 상위 9개 주만 합쳐도 유럽 5대국보다 많다. 또한 2021년 기준으로 미국의 51개 주의 1인당 GDP 순위에 유럽 국가를 포함하면 독일 39위, 프랑스 49위, 유럽연합 49위에 해당한다. 미국에서 독일보다 잘사는 주가 38개나 되며, 프랑스나 유럽연합보다도 못사는 주는 아이다호와 미시시피 단 2개뿐이다. 2022년 기준으로 미국 최대 주인 캘리포니아의 GDP는

3조 5981억 달러로 영국의 3조 705억 달러보다 크다. 텍사스주와 뉴욕주의 GDP를 합치면 4조 4091억 달러로 유럽 최대국인 독일의 4조 754억 달러보다 크다. 2025년에는 캘리포니아주 하나가 영국이나 인도보다 큰 세계 경제순위 5위에 위치할 정도다. 이는 미국과 유럽에 있는 기업들을 비교해 봐도 알 수 있다. 2023년 8월 기준으로 기업 시가총액 순위에서 세계 30위 내에 미국 기업은 21개나 포함된 반면에 유럽은 4개로서 아시아 5개보다도 적다. 유럽의 1위 기업인 프랑스의 LVMH(루이뷔통모에헤네시)도 16위에 그치고 있다. 반면에 미국은 '매그니피센트 세븐(Magnificent 7)'으로 불리는 마이크로소프트, 애플, 엔비디아, 아마존, 메타(페이스북), 테슬라, 알파벳(구글)이 모두 10위 안에 포진해 있다. 국가 시가총액에서도 2000년에서 2022년 사이에 미국은 15.1조 달러에서 41조 달러로 270% 증가한 반면 영국은 2.5조에서 2.9조 달러, 프랑스는 1.4조 달러에서 2.8조 달러, 독일은 1.2조 달러에서 2.1조 달러로 증가하는 데 그쳤다(홍준기, 2023). 유럽의 쇠락은 사람들의 생활 수준에서도 드러난다. 2020년대 이후로 소득이 나빠지면서 독일에서는 육류와 우유 소비가 30년 만에 최저 수준이고, 프랑스에서는 푸아그라와 와인을 덜 먹으며, 유럽 전역에서 유통기한이 거의 다 돼 팔지 못하는 재고를 판매하는 '투굿투고(Too Good To Go)'나 유통기한이 임박한 식품을 반값에 판매하는 '해피아워마켓' 이용자가 급증하고 있다(나현준, 2024).

## AI 제국주의에 대한 유럽의 대응

유럽은 1989년 월드와이드웹(WWW)을 창시하여 현대 인터넷의 아버지로 불리는 영국의 팀 버너스리(Tim Berners-Lee)를 보유하는 등 인터넷 혁명에서 앞서갈 기회가 있었다. 그러나 미국의 빅테크 기업들에 선수를 뺏기면서 데이터 주권을 잃어버렸고, 미국과 아시아(한국, 대만)에 뒤처져 반도체 칩 주권도 상실했다. 또한 AI 개발의 핵심인 전문 인재 양성에서도 미국과 중국에 크게 밀리고 있다. 2024년 기준 세계 대학 순위 톱20에서 미국은 13개 대학이 포함된 반면 유럽은 4개 대학에 불과하다.

이렇게 AI 발전에 필요한 데이터, 반도체 칩, 전문 인력 모두에서 경쟁력을 상실한 유럽은 AI 공룡들을 앞세운 미국의 침략에 속수무책으로 당하며 AI 식민지로 전락할 위험에 처해 있다. 이를 타개하기 위해 유럽이 꺼내든 전략은 강력한 규제망의 설치다. 미국이나 다른 나라 AI 공룡들의 활동을 제약하고 자국의 AI 산업을 보호하기 위해서다. 첫째, 2018년 5월 25일부터 EU는 일반 데이터 보호 규정(GDPR, General Data Protection Regulation)을 시행하고 있다. 이것은 개인 데이터의 수집 · 처리 · 저장 · 전송에 대한 프레임워크를 확립하는 포괄적인 개인정보보호법이다. 이 법은 모든 개인 데이터를 안전한 방식으로 처리할 것을 요구하며, 이를 준수하지 않는 기업에는 벌금 부과와 처벌을 하도록 하고 있다. 이 법의 숨은 의도는 AI 공룡들이 정교한 AI 모델에 필수적인 학습 데이터를 얻기 어렵게 만드는 것이다.

둘째, 2023년 8월 25일부터 디지털서비스법(DSA, Digital Service Act)도 시행하고 있다. 이 법은 온라인 플랫폼의 범세계적 대중화로 인한 개인정보 유출, 불법 콘텐츠 양산, 가짜뉴스 확산 등의 문제를 해결하고 디지털 서비스 이용자의 기본 권리를 보장하고자 한다. 온라인 플랫폼 서비스 제공자의 정보 서비스에 대해 불법 콘텐츠 대응 의무와 투명성 확립 의무를 부과하는 등 부담을 크게 늘렸다(법무부 국제업무지원과, 2024).

셋째, EU의 '빅테크 갑질 방지법'이라 할 수 있는 '디지털시장법(DMA, Digital Markets Act)'이다. 2024년 3월 7일부터 시행된 이 법은 EU 내 디지털 시장에서 거대 플랫폼 사업자의 시장 지배력 남용을 방지하고자 한다. 핵심 내용은 플랫폼 이용 기업과 최종 소비자 간 관문(gateway) 역할을 하는 거대 플랫폼 기업, 소위 말하는 '게이트키퍼(gatgekeeper)'의 시장 독점을 막는 것이다. 주요 대상은 시가총액 750억 유로(약 107조 원) 이상이거나, 최근 3년 내 EU에서 연 매출액 75억 유로(약 10조 원)를 웃돌며 월간 활성이용자수(MAU)가 4500만 명 이상인 플랫폼이다. 여기에는 미국의 구글, 아마존, 메타, 애플, 마이크로소프트, 그리고 중국의 바이트댄스(틱톡) 등 6개 기업이 해당된다. 이들이 운용 중인 운영체제, 소셜미디어, 검색엔진, 온라인 광고 서비스 등 총 20여 개 서비스에 대해 의무 사항을 부과하고, 준수 여부를 평가하며, 이행 조처가 미흡하거나 없으면 즉시 조사에 착수한다. 그리고 의무 위반에 대해서는 전 세계 연간 총매출액의 최대 10%라는 천문학적인 과징금을 부과하고, 위반이 반복되면 이 비율은 20%까지 가중한다(허난이, 2023).

셋째, 2023년 11월 1일 영국 블레츨리 파크(Bletchley Park)에서 열린 제1회 세계 인공지능 안전 정상회의(AI Safety Summit)에서도 안전한 AI 개발을 위한 계획과 규제를 강조했다. 특히 인간의 통제를 벗어나 스스로 사고

하고 추론할 수 있는 고도의 기능을 갖춘 '프런티어 AI(Frontier AI)'가 제기하는 위험에 초점을 맞춰 강력한 규제를 권고했다. AI의 존재적 위험, AI 통제의 불확실성을 들어 AI 출시 전 안전성 시험 의무화 등 규제를 강화하는 것이 핵심이다. 이를 통해 개최국인 영국은 AI 규제 선도국으로 자리 잡고자 했다(윤정현, 2023).

넷째, EU의 인공지능법(EU AI Act)이다. 2024년 6월부터 단계적으로 시행되는 이 법은 AI 기술의 급속한 발전과 광범위한 적용에 따른 윤리적 · 법적 · 사회적 영향에 대응하기 위한 포괄적인 AI 규제법이다. 이 법은 기본권을 침해하는 특정 AI 사용을 명시적으로 금지하고, 고위험 AI 시스템에 엄격한 규제를 적용하는 것이 핵심이다. 이를 위해 AI를 위험 수준에 따라 '용인할 수 없는 위험', '고위험', '제한된 위험', '최소 위험'의 네 가지로 분류하고, 각 분류에 따른 관리 절차를 규정했다. AI의 사용 목적, 사용 정도, 건강 · 안전 · 인간 기본권에 미치는 영향, 피해 강도 및 범위, 피해 복원 가능성 정도 등을 평가하여 위험 수준을 정하고 유형을 분류한다. 먼저, 용인할 수 없는 위험군은 인간의 안전 · 건강 · 생계 · 기본권을 위협하는 명백한 위협이 되는 AI로서, 합법적으로 허가를 받은 연구 목적의 개발 및 운영 외에는 전면 금지된다. 다음으로, 고위험 AI는 생체 인식, 중요 인프라, 교육, 필수 서비스, 법 집행, 이주 및 사업에 적용되는 AI를 포함한다. 이 AI는 시장 출시 전에 의무 사항 준수 평가를 반드시 받아야 하고, 특히 공공서비스에 활용되거나 자연인의 신용도를 평가하는 경우에는 '기본권 영향 평가'를 받아야 한다. 다음으로, 제한된 위험군 AI는 사람과 상호작용하는 AI 중에서 딥페이크 기술과 같이 비인격화, 기만, 조작의 문제를 일으킬 수 있는 AI로서, 여기에는 투명성 의무가 부과된다. 마지막으로, 최소 위험군에는 법적 의무는 아니지만 시스템 개발 · 공급 · 운영 업체에 투명성과 신뢰성을 확보하는 자율적인 행동 강령 수립과 준수를 권장하고 있다. 이 외에 챗GPT와 같은 생성형 AI 또는 범용 AI(General-Purpose AI, GPAI)에 대해서도 규제를 하고 있다. 범용 AI 모델 공급자에게는 AI 개발 및 테스트에 대한 자세한 기록을 보관할 것, 지적 재산을 보호하면서도 AI를 사용하려는 다른 회사에 관련 정보를 제공할 것, EU 위원회 및 국가 당국과 협력할 것을 규정하고 있다. 또한 범용 AI 모델 중에서 시스템적 위험이 존재하는 경우, 예컨대 EU 시장에 중대한 영향을 미치며 공공 보건, 안전, 기본권 또는 EU 사회 전체에 부정적인 영향을 미칠 위험이 있는 경우 추가적인 규제를 하도록 하고 있다.

법 위반에 대한 과징금도 엄청나다. 용인할 수 없는 AI 사용 금지 규정 위반의 경우 최고 3000만 유로(약 436억 원) 또는 글로벌 연 매출의 6% 중 더 큰 금액을 물어야 한다. 고위험군 의무 사항 위반 시에는 최고 1500만 유로(약 218억 원) 또는 글로벌 연 매출의 3% 중 더 큰 금액을 물어야 하고, 인증기관과 관할 당국에 부정확, 불완전, 오해의 소지가 있는 정보를 제공한 경우 최고 750만 유로(약 109억 원) 또는 글로벌 연 매출의 1.5% 중 더 큰 금액을 물어야 한다(김정원, 2024; 안성원 외, 2024). 이와 같이 유럽은 촘촘한 규제망을 설치하여 AI 공룡들의 손발을 묶음으로써 AI 제국주의의 침략을 저지하려는 전략을 펴 왔다.

## AI 강화를 통한 유럽 재도약 전략

수세적이고 방어적인 유럽의 AI 전략은 2024년을 기점으로 변화하고 있다. 아무리 촘촘한 규제망을 설치해도 AI 공룡들의 유럽 침략을 저지하는 것은 불가능할 뿐만 아니라, 촘촘한 그물망 때문에 오히려 유럽의 AI 산업 자체가 펴 보지도 못하고 고사할 수밖에 없다는 위기의식 때문이다. 이에 따라 유럽연합(European Commission,

2024)은 2024년부터 AI 전략을 규제에서 진흥으로 바꾸기 시작했다. 특히 EU 인공지능법이 유럽 AI 스타트업들의 혁신을 저해할 가능성이 높다는 지적이 끊임없이 제기됨에 따라, 'AI 법 서비스 데스크'를 출범시켜 기업들이 규제의 틀 안에서 효율적으로 움직일 수 있는 방법과 지침을 제공하고 있다(김정원, 2024).

이 같은 움직임은 2025년 2월 10~12일 프랑스 파리에서 열린 제3회 세계 인공지능 정상회에서도 뚜렷하게 나타났다. 특히 규제 완화 흐름은 프랑스가 주도했는데, 마크롱 대통령은 정상회의 기조연설에서 유럽은 규제를 단순화하여 미국과 중국이 선점한 AI 시장에서 유럽의 입지를 키우겠다는 포부를 발표했다. 중복 규제가 너무 많다는 업계의 지적을 받아들인 것이다. 혁신하기 전에 규제한다면 어떠한 혁신도 이루지 못할 것이라며 AI에 1090억 유로(약 164조 원)을 투자하겠다는 계획도 함께 발표했다. 이는 미국이 AI 산업 육성을 위해 5000억 달러(약 725조 원) 규모의 '스타게이트 프로젝트'를 내놓은 것에 대한 대응의 성격이 강하다(김정곤 외, 2025).

이 회의에서는 EU의 'AI 챔피언스 이니셔티브'도 공개했다. 향후 5년간 1500억 유로(약 210조 원)를 투자하여 유럽 전역의 AI 경쟁력을 획기적으로 강화하려는 프로젝트다. 이 계획의 핵심 목표 및 전략은 주요 산업에 AI 도입 가속화, 디지털 주권 확보 및 글로벌 시장에서 경쟁력 강화, 규제 간소화 및 데이터 공유 추진, 혁신적인 AI 모델 개발 및 AI 인프라 구축, AI 기술학교(AI Skill Academy) 등의 인재 양성이다. 이를 위해 반도체, 소프트웨어, 산업 자동화, 항공우주, 통신, 금융, 에너지, 자동차, AI 스타트업 등 70개 기업도 참여시키고 있다(EU AI Champions Initiative).

이 외에도 EU 유럽위원회(European Commission, 2025)는 2025년 4월에 'AI 대륙행동계획(AI Continent Action Plan)'을 발표했다. 이 계획은 미국과 중국에 크게 뒤떨어진 AI 분야의 혁신 격차를 줄이기 위해 대규모 AI 데이터 및 컴퓨팅 인프라 구축, 대용량 고품질 데이터 접근성 향상 및 혁신, 전략적 부문에서 알고리즘 개발 및 도입, AI 인재 양성 및 역량 강화, 규제 간소화 및 신뢰 구축 등 다섯 가지가 핵심이다. 이를 위해 약 2000억 유로(약 372조 원)이라는 막대한 자금 투자 계획을 세웠다. 대표적으로 200억 유로를 투자하여 최대 5곳의 AI 기가팩토리를 건설하여 AI 팩토리의 4배인 10만 개의 최첨단 칩을 투입한다는 계획을 들 수 있다.

수세에서 공세로, 규제에서 도전으로 방향을 튼 유럽

의 AI 전략이 미 · 중 중심의 AI 제국주의 세계질서에서 어떠한 성과를 낼지는 아직 불투명하다. 그러나 AI 패권 전쟁에 유럽도 뛰어든 것만은 분명하다.

## 참고문헌


김정곤·나승권·장한별(2025). 파리 AI 행동 정상회의 주요결과와 시사점: 포용적 AI를 위한 국제협력 방향. 《경제포커스》, 8권 7호. 대외경제정책연구원

김정원(2024.1.19). EU 인공지능법(EU AI ACT). SPREADI. https://www.spreadi.org/everyone-ai/2024/1/19/eu-2023-12-

나현준(2024.3.3). [나현준의 데이터로 세상읽기] 부유해지는 미, 가난해지는 유럽...갈림길에 선 한국. 《매일경제》. https://www.mk.co.kr/news/stock/10955308

법무부 국제업무지원과(2024). 해외규제 모니터링 제1호: EU 디지털 서비스법(Digital Service Act)에 관하여. 《국제업무지원 News Letter》. 법무부.

안성원·박강민·장진철(2024). 유럽연합 인공지능법(EU AI Act)의 주요 내용 및 시사점. 《SW중심사회》, 10월호. 소프트웨어정책연구소.

윤정현(2023.12.6). 인공지능 안전에 관한 블레츨리 정상회의의 의미와 시사점. 《이슈브리프》, 493호. 국가안보전략연구원.

허난이(2023). EU 디지털 시장법(DMA): 게이트키퍼(gagekeeper)의 문단속. 《통상》, Vol.139.

홍순기(2023.8.13). 부자 미국, 가난한 유럽...부 격차 갈수록 커지는 3가지 이유. 《조선일보》. https://www.chosun.com/economy/weeklybiz/2023/08/10

/IC2EMVV4DFFGJI5KFZVI5V2WDI/
European Commission(2024). The Future of European Competitiveness. https://commission.europa.eu/document/download/97e481fd-2dc3-412d-be4c-f152a8232961_en?filename=The%20future%20of%20European%20competitiveness%20_%20A%20competitiveness%20strategy%20for%20Europe.pdf
European Commission(2025.4.9.). AI Continent Action Plan: the first step towards Europe's global leadership in AI. https://bdva.eu/news/ai-continent-action-plan/
EU AI Champions Initiative. https://aichampions.eu/

# 09
# AI 제국주의와 일본의 대응

2차 세계대전까지 아시아 최강 제국이었으며, 산업화 시대에 세계시장을 석권했던 경제 대국 일본은 1990년대 버블 경제 붕괴와 IT 전환 실패로 쇠락해 가고 있다. 그러나 2020년대부터 일본 정부와 소프트뱅크가 쌍두마차가 되어 강력한 AI 진흥 정책을 펼치며 일본의 AI 대전환을 이끌고 있다. 전 세계 AI 공룡들과 손잡고 막대한 투자와 인력을 끌어들여 아시아의 'AI 허브'를 구축함으로써 아날로그 대국이라는 오명을 씻고 AI 독립국을 넘어 AI 제국으로 도약하려 하고 있다.

AI와 화장품?

## AI 제국주의 시대, 일본의 현실

일본은 세계사에서 오랫동안 동아시아 변방의 작은 섬나라에 불과했다. 그러나 1860년 메이지 유신을 통해 아시아 최초로 산업혁명을 시작하였고, 1900년대 들어 청일전쟁과 러일전쟁을 승리로 이끌면서 본격적으로 아시아의 제국으로 부상했다. 1945년 2차 세계대전에서 패망하기 전까지 일본은 미국, 소련, 중국, 영국 등 세계 최강 4대국과 동시에 전쟁을 벌이면서 동아시아의 대부분을 차지한 또 다른 세계 최강 제국 중의 하나였다. 미국과의 태평양 전쟁에서 핵폭탄까지 맞으며 처참하게 패해 제국의 위상이 끝장났지만 일본 자체가 끝장난 것은 아니었다. 1950년대 한국전쟁을 계기로 빠른 재건을 통해서 다시 강대국으로 부상하였기 때문이다. 1960년대부터 눈부신 경제성장을 거듭한 일본은 1980년대와 1990년대 초반까지도 미국에 이어 세계 2위의 경제 대국이자 경제 제국주의의 선봉에 서 있었다. 1980년대까지 세계시장을 휩쓴 일본 기업의 전자·기계·반도체 등은 하버드 대학교 등 수많은 미국 경영대학의 연구 대상이 될 정도로 경이로움 그 자체였다. 기술의 일본, 혁신의 일본, 첨단의 일본이었다. 그러나 일본은 1990년대부터 버블 경제의 붕괴와 함께 쇠락의 길로 접어들었다. 특히 인터넷 혁명, IT 혁명의 패러다임에 편승하지 못하고 '갈라파고스화'되면서 과거의 경쟁력과 영화를 잃고 2류 국가로 전락할 위기에까지 처해 있다. 1980년대와 1990년대까지 세계 최첨단을 달렸던 전자 · 소프트웨어 · 반도체 · 컴퓨터 · 비디오게임 등은 사라진 지 오래다. 코로나19 팬데믹 시기에 전국 각지의 감염자 집계를 팩스로 하고, 재난지원금을 수작업 우편으로 지급한 일은 전 세계 사람들에게 충격을 주기에 충분했다. 대부분 국가의 정부나 기업에서 사라진 지 오래인 팩스, 플로피디스크, 도장을 아직도 쓰고 있고, 투표용지에 후보자 이름을 직접 쓰는 선거 방식도 충격적이다.

일본의 쇠퇴는 구체적인 수치로도 확인할 수 있다. 1988년 세계 기업 톱 20위 내에 일본 기업이 16개로 미국 기업 3개, 유럽 기업 1개를 압도했다. 1990년 세계 국가별 국내총생산(GDP) 순위에서도 일본은 3조 1040억 달러로 미국 5조 9800억 달러의 약 52%에 이르는 세계 2위의 대국이었다. 그러나 2024년 세계 기업 톱 20위 내에 일본 기업은 단 1개도 없으며, 톱 40위까지 넓혀도 마찬가지다. 2025년 GDP 순위에서도 일본은 4조 3893억 2천만 달러로 미국 30조 3371억 6천만 달러의 14.5% 정도로 쪼그라들었다. 중국과 독일에도 밀리는 수준이다.

1인당 국민소득에서도 2023년 기준 세계 27위인 3만 9030달러로 세계 6위인 미국의 8만 300달러의 절반에도 못 미친다.

일본의 추락은 버블 경제의 붕괴와 함께 디지털 전환(DX, Digital Transformation) 실패가 결정적이다. 예를 들어 2023년 경제협력개발기구(OECD)의 디지털 정부 지수(Digital Government Index)에서 우리나라는 평가 대상 OECD 33개 국가 중에서 1위를 차지했지만 일본은 31위에 그쳤다(OECD, 2024). 영국 포퓰런스 연구소(Portulans Institute)가 발표한 2024년 네트워크 준비 지수(Network Readiness Index)에서도 우리나라는 세계 5위인 반면에 일본은 세계 12위다(Portulans Institute, 2024). 스위스 국제경영개발원(IMD)에서 발표한 세계 디지털 경쟁력 순위(World Digital Competitiveness Ranking 2024)에서도 세계 67개 국가 중 우리나라는 6위(88.62점)이지만 일본은 31위(68.10점)에 그치고 있다(IMD, 2024).

## AI 제국주의와 일본의 대응 전략

2016년 알파고 충격으로 시작해서 2022년 챗GPT의 등장과 함께 본격화된 'AI 전환(AX, AI Transformation)'

시대에도 일본의 위기감은 끝나지 않았다. 1990년대부터 시작된 '잃어버린 30년'이 계속될지도 모른다는 우려도 팽배했다. 미국이나 중국이 디지털 대전환을 통해서 세계시장을 제패하는 빅테크와 AI 공룡들을 무수히 키워 낼 동안 일본은 유럽과 마찬가지로 단 하나의 기업도 키워 내지 못했다. 또한 AI 전환을 할 수 있는 기본 여건도 취약하다. 무엇보다도 AI 개발에 필요한 데이터 확보가 쉽지 않다. 소셜 네트워크 서비스(SNS), 포털, 전자상거래 플랫폼에 자국산이 거의 없기 때문이다. 일본 사람들은 유튜브로 영상을 보고, 인스타그램에 사진과 메시지를 올리며, 넷플릭스로 영화를 보고, 아마존 프라임에서 물건을 사며, 네이버가 만든 페이페이(PayPay)로 결제하고 라인(LINE)으로 소통한다. 2024년 일본 정부의 '라인 강탈' 시도도 일본의 '데이터 식민지' 우려 때문에 발생한 일이다. 또한 AI 개발에 필요한 칩 경쟁력도 심각한 수준이다. 한때 세계 반도체 시장을 석권했던 일본은 한국과 대만에 완전히 밀려 세계시장 점유율이 한 자리 수에 불과하다. 반도체 산업 부흥을 위해 대만 TSMC 공장을 구마모토에 유치하고 막대한 자금을 지원하는 등 반도체 부흥에 총력을 기울이고 있지만 이미 첨단 반도체 시장을 장악한 한국과 대만, GPU 등 AI 칩을 장악한 미국, 반도체 굴기를 앞세워 막대한 투자를 퍼붓고 있는 중국과의 경쟁에서 살아남을 수 있을지는 미지수다.

그럼에도 일본의 저력을 무시할 수는 없다. 2차대전의 패망에서도 거뜬하게 부활했듯이 AI 제국주의 시대에도 거뜬히 부활할 수 있다. 가장 큰 장점은 세계시장을 제패해 봤던 성공의 경험이다. 첨단 기술과 산업으로 세계시장을 제패했던 경험과 노하우, 기초과학, 전문 인력, 인프라와 유산은 절대 무시할 수 없다. 일본은 반도체 완성품 시장은 내줬지만 여전히 반도체 소재 시장의 절반 이상을 장악하고 있다. 정보통신과 AI 시장은 내줬지만 세계 최고의 초정밀 기계·제어 기술을 갖고 있다. 소프트웨어 시장은 내줬지만 1960년대부터 만들기 시작한 산업용 로봇 시장에서 세계 최강의 실력을 유지하는 등 하드웨어 시장에서는 여전히 강자로 군림하고 있다. 1억 2000만 명이 넘는 인구와 내수시장도 강점이다.

이러한 여건과 유산을 바탕으로 일본은 AI 제국주의 시대에 다시 한번 제국으로 부활하려 하고 있다. 이는 일본 정부와 소프트뱅크의 '쌍끌이 전략'으로 나타나고 있다. 먼저, 일본 정부는 강력한 AI 진흥 정책을 통해 AI 산업을 육성하고 경쟁력을 키우려 하고 있다. 2021년 '디지털청'을 신설하여 사회 전반의 디지털 전환에 속도를 내기 시작했으며, 2022년 5월에는 「AI 전략 2022」를 수립하여 팬데믹과 대규모 재해로부터 국민의 생명과 재산을 보호하는 '대응하는 AI(Responsible AI)'와 '모든 것에 AI'를 추진했다(KOTRA, 2024). 2023년 6월에는 「반도체 · 디지털산업 전략」을 개정하여 AI를 위한 데이터센터 구축과 첨단 로직반도체 제조 및 기술 개발을 강화했다. 2024년 1월에는 제7차 「AI 전략회의」를 통해 'AI 혁신'과 'AI에 의한 혁신'을 추진하여 AI에 필요한 인재 육성 · 확보, 컴퓨팅 자원 등 인프라 고도화, 데이터 정책 및 스타트업 정책 강화, 의료 · 신약 개발 · 소재 분야에서 일본의 강점을 살린 '과학을 위한 AI(AI for Science)'도 가속화했다. 생성형 AI에 관한 4대 어젠다도 발표하여, 동남아시아의 거대언어모델(LLM) 개발 참여, 의료 · 로봇 · 반도체 · 법률 등 산업별 생성형 AI 개발, AI를 통한 관련 산업 혁신, AI 인재 양성과 전국의 AI 스타트업 발굴 · 육성 · 해외 진출 지원 등을 제시했다(KISTEP, 2024). 2025년 2월에는 'AI 법안'을 통과시켰는데, EU가 외국 AI 공룡들의 유럽 시장 진출을 막기 위한 강성 규제(hard law)를 한 것과 달리 기업의 자율과 혁신에 방점을 둔 연성 규제(soft law)를 담고 있다. 일본을 세계에서 AI를 개발 · 활용하기 가장 쉬운 나라로 만들겠다는 것이다. 대표적으로 AI 개발에 필수적인 고성능 그래픽처리장치(GPU)를 확보해 스타트업에게 무상으로 제공한다. 미 · 중이 주도하는 AI 원천 기술 확보보다는 산업별 특화 AI 소프트웨어 개발 · 활용에 힘을 싣고자 '이노베이션 박스 세제'도 신설했다. 특허 · 저작권 등 지식재산의 사업화 · 상용화로 획득한 수익에 대해 세금 우대를 해 주며, AI를 활용한 소프트웨어 개발 기업에 대해서도 지식재산 사업화에 따른 저작권 수익을 인정하여 최대 30%의 법인세를 공제해 준다(KOTRA, 2024). 2030년까지 반도체와 AI 분야에 10조 엔(약 91조 원)의 공적 자금을 투자하는 등 막대한 자금 지원도 하고 있다.

그러나 실제로 일본 AI 정책을 최선두에서 끌고 있는 것은 일본 정부가 아니라 민간 기업인 '소프트뱅크'다. 손정의 소프트뱅크 회장은 "일본을 AI로 리셋(재설정)하겠다"(장은지, 2025), "스티브 잡스가 모든 사람의 손에 스마트폰을 쥐여 줬듯이 모든 사람에게 AI 에이전트(비서)를 전달하고 싶다"(이승훈, 2025), "AI 혁명의 선두에 서기 위해 방어 모드에서 공격 모드로 전환하겠다"(최지희, 2025)라고 선언했다. 이를 위해 손정의는 미국의 오픈AI 등 AI 공룡들과 적극적으로 손을 잡고 다양한 사업을 펼치고 있다. 트럼프 정부가 출범한 직후 소프트뱅크와 오픈AI는 2025년부터 4년간 미국에 총 5000억 달러(약 700조 원)를 투입해 데이터센터와 AI 반도체 인프라를 구축하겠다는 '스타게이트 프로젝트'를 발표했다. 또한 양사가 합작으로 'SB오픈AI재팬'을 설립하여 일본 기업을 위한 AI 에이전트인 '크리스털 인텔리전스'를 선보였다. 이는 기업 내 회의 자료, 이메일 등 모든 데이터를 활용해 시스템 최적화와 업무 효율화를 도모하는 AI 서비스로서, 기업들에 맞춤형 AI 비서를 주려는 것이다. 이를 위해 소프트뱅크의 그룹 계열사들이 먼저 도입하여 사용하면서 연간 4500억 엔을 오픈AI에 사용료로 주기로 했다. 그는 "크리스털이 있는 회사와 없는 회사는 전기가 있는 나라와 없는 나라 정도의 차이가 생긴다"라고까지 단언하였다(이승훈, 2025). 오픈AI, 구글, 마이크로소프트, 중국의 딥시크까지 수많은 기업이 아직까지 적자를 보고 있는 AI 파운데이션 모델에서, 손정의 회장은 뒤늦게 파운데이션 모델 경쟁에 뛰어들기보다 이를 활용한 사업 모델을 제시했다는 점에서 놀랍기 그지없다. 세계시장에서 제조 부문에 특화된 생성형 AI 공급자가 되겠다는 것이 그의 최종 목표다. 이 밖에도 소프트뱅크와 오픈AI는 1조 엔(약 9조 8000억 원)을 투자해 오사카에 첨단 GPU 10만 장이 들어가는 아시아 최대 규모의 데이터센터를 구축하여 2026년부터 가동하기로 했다. 또한 매년 AI에만 90억 달러(약 12조 6000억 원)를 투자하겠다고까지 했다.

이러한 일본 정부와 소프트뱅크의 AI 쌍끌이 전략은 가시적인 성과를 거두고 있다. 우선 해외 AI 공룡들이 일본을 아시아의 'AI 허브'로 만들겠다며 앞다퉈 대규모 투자를 하고 있다. 샘 올트먼 오픈AI 회장은 2024년 4월에 도쿄에 아시아 최초로 거점을 설립했다. 아마존 웹서비스(AWS)는 2024년 1월에 일본 내 데이터센터 인프라 확대에 150억 달러(약 22조 원)를 투자하기로 했고, 4월에 오라클이 80억 달러를 투자해 도쿄와 오사카에 있는 데이터센터를 증설하기로 했다. 마이크로소프트도 도쿄에 아시아 AI 연구소를 세우고 4년간 29억 달러를 투자하기로 했고, 알파벳(구글)도 10억 달러 투자계획을 밝혔다(윤진호 · 장경태, 2025). 세계의 AI 투자와 인재가 일본으로 모이고 있고, 일본은 돈과 사람을 빨아들이는 AI 블랙홀이 되어 가고 있다. 일본 기업들의 생성형 AI 도입도 매우 적극적이다. '기업 IT 동향조사 2025'에 따르면 일본 기업의 생성형 AI 도입률은 41.2%에 이르며(최지희, 2025), 2024년 984개 기업을 대상으로 조사한 결과 AI를 업무에 활용하거나 도입을 추진 중인 기업이 69.5%에 이르고 있다(KOTRA, 2024). NEC도 2024년 8월부터 독자 개발 생성형 AI의 테스트 서비스를 시작하였고, NTT도 2024년 3월 독자 개발한 생성형 AI '쯔즈미' 서비스를 시작했다. 일본 지방정부인 미야자키현도 독자적인 생성형 AI 모델을 개발하였고, 도쿄 역시 도내 직원 5만 명이 이용할 수 있는 생성형 AI 환경 구축을 완료하였다(최지희, 2025).

## AI 제국주의 시대, 갈림길에 선 일본

2024년 9월 영국 토터스 미디어(Tortoise, 2024)가 평가한 세계 인공지능 지수(Global AI Index)에서 일본은 세계 83개국 중 11위로 한국의 6위보다 한참 아래에 있다. 그러나 2024년 보스턴 컨설팅 그룹(BCG)이 평가한 AI 국가경쟁력 평가에서 일본은 한국, 프랑스와 같은 2군으로 분류되었다. 2024년에는 일본에 AI 유니콘이 등장하여 놀라움을 주기도 했다. 2023년에 설립된 '사카나AI'는 엔비디아와 일본 대형은행으로부터 1억 달러(약 1400억 원)를 투자받으며 2024년 9월 기업가치 10억 달러(1조 4000억 원)를 돌파했다(이덕주, 2024). 이 회사는 구글 AI 연구소인 구글 브레인의 도쿄연구소에서 일한 외국인 두 사람이 창업했다는 점도 특이하다. 일본이 좋아 일본에 온 외국인이 미국과 중국 중심에서 벗어나 일본어와 일본 문화를 이해하는 일본의 독자적인 AI를 만들었기 때문이다. 네이버와 카카오 등의 뒤를 이어 우리나라의 AI 기업들도 앞다퉈 일본 시장에 진출하고 있다. 우리나라보다 시장 규모가 크고 성장 가능성이 높으면서도 아직까지 경쟁이 치열하지 않은 일본 AI 시장을 선점하기 위해서다.

일본이 '잃어버린 30년', '디지털 식민지', 'IT 갈라파고스', '아날로그 대국' 등의 오명을 씻고 AI를 통한 국가 대개조를 통해서 다시 한번 제국의 반열에 오를 수 있을지는 두고 볼 일이다. 낙관적인 전망 못지않게 많은 어려움도 예상된다. 상명하복과 절차 중심의 경직되고 보수적인 기업 문화, 도전과 창조나 변화와 혁신보다 전통과 관행을 고집하는 특유의 '장인 문화', 뒤처져 버린 소프트웨어와 반도체 경쟁력, 외국 기업에 점령당한 데이터 산업 등 넘어야 할 산이 많다. 미국과 중국의 거대 AI 공룡들의 높은 기술력과 막대한 투자를 앞세운 물량 공세에 소프트뱅크 하나로 대응이 가능할지도 미지수다. 일본은 지금 디지털 식민지를 넘어 AI 식민지로 남느냐, AI 독립국을 넘어 AI 제국으로 나아가느냐의 갈림길에 서 있다.

## 참고문헌


윤진호·장경태(2025.3.17). '아시아 AI 허브'로 변모하는 일본. 《조선일보》. https://www.chosun.com/economy/tech_it/2025/03/15/QERJJWYHXBEAVPRDUHMAVHKJYU/

이덕주(2024.9.9.). [World & Now] 일본은 어떻게 'AI 인재 블랙홀'이 됐나. 《매일경제》. https://www.mk.co.kr/news/columnists/11113447

이승훈(2025.3.7). 세계 최고의 아날로그 대국 일본...AI로 대개조하겠다는 이 남자. 《매일경제》. https://www.mk.co.kr/news/world/11258436

장은지(2025.1.4). 일본, AI로 디지털 패권 노린다... 정치불안 한국은 '패싱' 우려. 《동아일보》. https://www.donga.com/news/Economy/article/all/20250104/130786160/2

최지희(2025.4.2). 일기업 '생성형 AI' 폭풍 도입...2028년엔 8조원 쏟아붓는다. 《한경》. https://www.hankyung.com/article/2025040263821

KOTRA(2024). 일본의 AI 정책과 실제 사례. KOTRA 도쿄무역관 아시아중아팀. 2024.4.8.

KISTEP(2024). 일본, AI 전략의 과제 및 생성형 AI 관련 아젠다 논의. https://www.kistep.re.kr/gpsBoardDownload.es?board_se=trend&list_no=3296&seq=1

IMD(2024). World Digital Competitiveness Ranking 2024. https://www.imd.org/centers/wcc/world-competitiveness-center/rankings/world-digital-competitiveness-ranking/

OECD(2024). 2023 OECD Digital Government Index.
https://www.oecd.org/en/publications/2023-oecd-digital-government-index_1a89ed5e-en.html

Portulans Institute(2024). Benchmarking the Future of the Network Economy.
https://networkreadinessindex.org/countries/

Tortoise(2024). The Global AI Index.
https://www.tortoisemedia.com/data/global-ai#rankings

10

# AI 제국주의와 한국의 대응

신흥 IT 강국 우리나라는 AI 시대에도 세계 3위권의 AI 강국으로 독립과 주권을 지켜 왔다. 그러나 미국과 중국의 천문학적인 투자와 파상공세, 검색 포털 시장 잠식에 따른 데이터 주권 약화, GPU 확보 어려움에 따른 칩 주권 약화, 전문 인재 해외 유출, 강력한 AI 규제, 정치적 불확실성 등으로 위기감이 점점 고조되고 있다. 정부와 기업이 협력하여 토종 AI 파운데이션 모델을 기반으로 AI 생태계와 주권을 지키지 못하면 우리나라는 AI 제국주의의 식민지로 전락할 수도 있다.

종교와 AI?

## IT 강국 한국의 부상

극동의 작은 나라 한국은 고구려 멸망 이후 단 한 번도 강대국의 지위에 오르지 못한 채 끊임없이 주변 제국의 침략에 시달려 왔다. 삼국시대 수 · 당 제국의 침략부터 고려시대 몽골제국의 침략, 임진왜란과 병자호란, 일제 강점기 일본제국의 침략과 식민 지배, 2차 세계대전 이후 미국과 소련의 한반도 분할 점령에 따른 6.25 전쟁에 이르기까지 고난의 연속이었다. 그러나 1960년대 이후부터 시작한 산업혁명을 거쳐 1990년대 이후부터 시작한 정보화 혁명은 이러한 고난의 역사에 종지부를 찍고 있다. 영국보다 200년, 일본보다 100년 늦게 산업화를 시작했지만 단기간의 압축성장으로 놀라운 성과를 보여준 우리나라는 1990년대 정보화 혁명에 적극 나서면서 역사상 유래를 찾을 수 없는 고도성장을 거듭했다. '산업화는 늦었지만 정보화는 앞서가자'라는 기치 아래 정부가 주도한 강력한 정보화 정책은 우리나라를 세계 최고의 IT 강국으로 올려놓았다. 우리 정부와 국민들의 신기술에 대한 '얼리 어댑터' 성향과 도전정신도 한몫했다. 특유의 '빨리빨리' 문화도 정보화의 속성과 잘 맞아떨어졌다. 미국에 이어 1982년 세계에서 두 번째이자 아시아에서 첫 번째로 인터넷 연결에 성공한 것도, 1990년대 전

화선을 이용해 인터넷 대중화에도 적극 나선 것도 우리나라였다. 또한 2000년대부터 미국 빅테크 기업들이 세계시장을 휩쓸 때에도 우리나라는 우리의 사이버 영토와 주권을 굳건히 지켜 왔다. 구글이 전 세계 검색 포털 시장에서 중국을 제외하고 거의 유일하게 점령하지 못한 나라가 우리나라다. '네이버'와 '다음'이 있었기 때문이다. 마이크로소프트의 MS 워드가 전 세계 문서 작성기 시장을 다 장악했지만, 우리는 여전히 토종 문서 작성기 '훈글'을 쓰고 있다. X(트위터), 메타(페이스북), 인스타그램, 유튜브 등 미국의 소셜 네트워크 서비스(SNS)가 세계시장을 휩쓸 때 우리는 '카카오톡'뿐만 아니라 일본 시장을 점령하고 동남아까지 진출한 '라인'을 갖고 있다. 우리는 가상 화폐가 본격화되기도 전에 '싸이월드'의 '도토리'를 유행시켰고, 유튜브가 유행하기도 전에 '아프리카TV'를 유행시켰으며, '아이러브스쿨'과 '다음카페' 등 수많은 플랫폼 서비스를 유행시켰다. 위키피디아 이전에 네이버 '지식인' 서비스를 유행시켰고, 웹툰을 앞세워 전 세계에 K-컬처를 확산시켰으며, 세계 최고의 전자정부를 구축하고 많은 개도국에 전수까지 해 줬다. 세계 최고 수준의 게임 회사와 게이머들을 보유한 온라인 게임 강국이며, 쿠팡 등을 앞세운 세계 최고 수준의 전자상거래 강국이기도 하다. 전국 어디에서나 무료 와이파이를 쓸 수 있고, 전 세계에서 가장 빠른 인터넷과 가장 빠른 공공서비스도 자랑거리다.

우리나라가 세계 최고 수준의 IT 강국, 인터넷 강국, 플랫폼 강국, 게임 강국, 콘텐츠 강국, 전자상거래 강국, 전자정부 강국이라는 사실은 다양한 국제기구의 평가에서도 확인할 수 있다. 2024년 영국 포튤런스 연구소(Portulans Institute)의 네트워크 준비 지수에서 세계 5위, 2024년 스위스 국제경영개발원(IMD)의 세계 디지털 경쟁력 순위에서 세계 6위, 경제협력개발기구(OECD)의 2023년 디지털 정부 지수에서 세계 1위, 공공 데이터 평가 지수에서 세계 1위, UN의 2024년 전자정부 발전 지수에서 세계 4위 등이 대표적이다(과학기술정보통신부, 2024). 이제 우리나라는 역사상 처음으로 중국보다 잘살게 되었으며, 일본을 추월하기 시작했고, 유럽과도 어깨를 나란히 하는 선진국의 반열에 올라섰다.

## AI 제국주의 시대, 한국의 위상

AI 혁명에서도 우리나라는 미국이나 중국만은 못하지만 비교적 잘 전진해 왔다. 가장 큰 원동력은 그동안의 정보화 노력을 통해 잘 갖춘, AI를 개발하고 발전시킬 수 있는 기본적인 여건이다. 1990년대 중반부터 운영하기 시작한 네이버와 다음 등 검색 포털을 통해서 거대언어모델(LLM) 개발에 필요한 충분한 데이터를 확보하고 있다. 그래픽처리장치(GPU)는 만들지 못하지만 세계 최고의 고대역폭 메모리반도체(HBM) 생산 국가로 칩 경쟁력도 어느 정도 갖추고 있으며, AI를 개발하고 운용할 수 있는 전문성과 경험을 갖춘 고급 인력도 보유하고 있기 때문이다. 여기에 더해서 정부의 강력한 정보화 정책 전통이 AI 정책으로 이어져 오고 있고, IT 벤처 1세대부터 이어져 온 특유의 도전적인 IT 창업 문화도 AI 창업으로까지 이어져 오고 있다.

이러한 상황은 다양한 국제기구와 기관들의 평가에서도 확인할 수 있다. 영국 토터스 미디어의 2024년 세계 AI 지수 평가에서 한국은 100점 만점에 27.26점으로 세계 6위다. 미국(100점)과 중국(53.88)의 '글로벌 빅2'에는 못 미치지만 톱10에 들어 있다. 세부 분야별로 보면 우리나라는 AI 개발(3위), 정부 전략(4위), 인프라(6위)는 우수하나 인재(13위), 연구개발(13위), 사업화(12위)는 개선이 필요하고, 운영 환경(35위)은 가장 취약하다. 특히 AI 과학자의 성별 대표성, AI 관련 규제 및 법령 정비 등은 반드시 개선이 필요하다(Tortoise, 2024). 세계적으로 유명한 보스턴컨설팅그룹(BCG)이 2024년 11월 세계 73개국을 대상으로 평가한 'AI 성숙도' 조사에서도 우리나라는 가장 높은 단계인 1그룹에 이어 2그룹으로 분류되었다. 1그룹인 'AI 선도국(pioneer)'에는 미국, 중국, 싱가포르, 영국, 캐나다 등 5개국만 포함되었고, 2그룹인 '안정적 경쟁자(steady contenders)'에 우리나라를 비롯하여 프랑스, 독일, 이스라엘, 일본, 대만 등이 들어 있다. 2024년 11월 스탠퍼드 대학교가 42개의 AI 지표를 기반으로 36개국을 비교 평가한 '글로벌 AI 국가 순위'에서도 한국은 7위에 올랐다. 이 평가는 '글로벌 AI 활력 도구(Vibrancy Tool)'를 적용하여 연구개발, 책임 있는 AI, 경제, 교육, 다양성, 정책 및 거버넌스, 여론, 인프라 등 8개 축을 기반으로 AI 생태계의 강점을 측정했다. 여기에는 AI 논문 출판, AI 민간 투자, 통과된 AI 법안, 파운데이션 모델 등도 포함된다. 이 평가에서 미국은 70.06점으로 압도적인 1위를 차지하였고, 중국이 40.17점으로 2위를 차지하였으며 한국은 영국과 비슷한 점수인 20.48점으로 7위를 차지하였다(HAI, 2024). 우리나라 소프트웨어정책연구소에서 미국 민간 연구 단체인 '에포크 AI(EPOCH AI)'에서 운영 중인 초거대 AI 모델 데이터베이스(DB)에 수록된 정보를 분석한 결과에서도 우리나라는 2024년까지 대략 GPT-3 수준 이상 초거대 AI 모델을 총 14개 보유하여 세계 1위 미국 128개, 2위 중국 95개의 뒤를 이어 세계 3위로 나타났다. 우리의 뒤를 이어 프랑스가 10개로 4위, 일본과 독일이 4개로 공동 5위, 캐나다 · 러시아 · 아랍에미리트(UAE) · 영국 · 이스라엘 등이 3개로 공동 7위를 차지하고 있다. 우리나라의 초거대 AI 모델은 LG가 5개, 네이버와 삼성이 각각 3개, KT · NC소프트 · 코난테크놀로지가 각 1개 등을 보유하고 있다(봉강호, 2025). 현재 우리나라의 가장 대표적인 AI 파운데이션 모델은 네이버가 세계에서 미국과 중국에 이어 세 번째로 개발한 '하이퍼클로바'와 이를 고도화한 '하이퍼클로바X'다. 이 밖에도 LG AI연구원이 개발한 '엑사원', SK텔레콤의 'A.X', KT의 '믿음', NC소프트의 '바르코 LLM' 등이 있다. 우리나라가 초거대 AI 모델 개발 경쟁에서 선전하는 이유는 미국과 중국을 제외하면 데이터센터, 클라우드 인프라, 슈퍼컴퓨팅 인프라, 거대언어모델 개발 역량을 모두 갖춘 거의 유일한 나라이기 때문이다.

## AI 제국주의 시대, 한국의 위기

그러나 우리나라의 AI 경쟁력과 전망이 마냥 장밋빛은

절대 아니다. 여기저기서 위기의 징후와 신호가 감지되고 있다. 자칫 잘못하다가는 지금까지 쌓아 온 IT 강국, 인터넷 강국, AI 강국의 위상을 잃고 식민지 종속국으로 추락할 수도 있다. 가장 심각한 위험은 미국과 중국 등 거대 제국이 AI 공룡들을 앞세워 엄청난 인력과 막대한 자금을 쏟아붓는 무차별적인 물량 공세다. 미국의 거대 AI 공룡들의 투자 금액은 천문학적이어서 우리 기업들이 도저히 따라갈 수 없다. AI 개발에서 우리 기업들이 미국 기업들보다 뒤처지는 이유도 기술력의 차이보다는 자금력의 차이 때문이다. 정부의 AI 투자에서도 우리나라는 미국이나 중국에 압도적으로 밀리고 있다. 2024년 기준으로 최근 5년간 우리 정부의 AI 관련 산업 투자 예산은 103억 달러(약 13조 7000억 원)로 미국(3285억 달러)의 3%, 중국(1326억 달러)의 7% 수준에 그치고 있다(이해인, 2024). 슈퍼 헤비급과 미니멈급이 같은 링에서 경쟁하고, 공룡과 도마뱀이 맞짱을 뜨는 형국이다.

지금까지 잘 지켜 온 우리나라 시장에 대한 미국 AI 공룡들의 공략도 점점 거세지고 있다. 2025년 3월 기준으로 우리나라에서 오픈AI의 챗GPT 월간 사용자 수가 1092만 명을 돌파했고, 일론 머스크가 이끄는 xAI의 생성형 AI '그록(Grok)'도 출시 2주 만에 월간 사용자 수 23

만 명을 돌파했다. 반면 우리나라 토종 생성형 AI 월간 사용자 수는 이에 한참 못 미친다. 뤼튼(뤼튼테크놀로지스)이 258만 명, 에이닷(SK텔레콤) 157만 명에 그치고 있기 때문이다(황치규, 2025). AI 개발에 필요한 데이터 확보에 필수인 검색엔진 점유율에도 비상등이 켜지기 시작했다. 2024년 11월 기준 국내 검색엔진 점유율에서 네이버가 57.32%, 구글이 33.9%, 다음이 3.87%, 마이크로소프트가 2.92%를 차지했다. 네이버의 점유율은 9년 사이에 20%가 하락했고, 다음은 존재 자체를 위협받고 있다. 반면에 구글은 3배 이상 점유율을 끌어올려 국내 시장을 공략하고 있다. 더군다나 생성형 AI와 검색엔진을 결합한 하이브리드 방식의 검색엔진이 등장하면서 기존 검색엔진 시장의 철옹성을 무너뜨리기 위한 오픈AI, 마이크로소프트 등의 공략도 본격화되면서 위기감이 더욱 커지고 있다(정보통신기획평가원, 2024).

AI 전문 인력 확보에도 비상이 걸렸다. 2025년 기준으로 한국의 AI 연구 인력은 약 2만 1000명으로 중국의 20분의 1 수준에 불과하다. 미국 시카고대 폴슨연구소에 따르면, 2022년 기준으로 전 세계 상위 20%에 드는 실력을 갖춘 AI 연구 인력은 중국이 47%로 가장 많고, 미국이 18%, 유럽이 17%로 뒤를 이었다. 한국은 2% 수준에 불과하다(심민관, 2025). 특히 AI 연구자들의 90%가 AI 개발에서 가장 중요한 요인으로 '전문 지식 · 인재 · 기술'을 꼽았는데, 이는 대량의 컴퓨팅 자원(51%), 고유 데이터(51%)가 중요하다는 응답보다 훨씬 높은 비중이다(CSET, 2023). 중국의 딥시크도 결국 대량의 전문 인력을 투입한 결과라 할 수 있다. 우리나라는 이공계 홀대 현상, 우수 인재의 의대 블랙홀 현상으로 AI 인재 확보가 점점 어려워지고 있다. 그나마 길러 놓은 인재들의 해외 유출도 심각하다. 2022년 기준으로 한국에서 대학원을 마친 AI 인재의 40%가 해외로 떠났다(CSET, 2023).

칩 경쟁력에도 비상등이 켜지긴 마찬가지다. AI 개발에 필요한 고성능 GPU를 엔비디아가 거의 독점 공급하고 있는 상황에서, 우리나라는 GPU 확보에 애를 먹고 있다. 세계적인 메모리 반도체 강국으로 고대역폭 메모리 반도체(HBM) 점유율 세계 1위가 무색할 지경이다. 실제로 2024년 과학기술정보통신부에 따르면 우리나라의 고성능 GPU인 H100을 민간기업에서 2000개 정도밖에 확보하지 못한 것으로 나타났다. 메타의 마크 저커버그가 2024년에만 35만 개의 H100을 사들일 계획이라고 밝힌 것과 대조적이다(이해인, 2024). 돈도 문제이지만 엔비디아의 미국 우선 정책도 문제다. 일본처럼 우리도 정부가 직접 나서서 GPU를 확보해 민간 기업에 공급하는 방식을 추진하고 있지만 얼마나 확보할 수 있을지는 불확실하다.

AI 기업의 활동을 어렵게 하는 규제들도 문제다. 일본이 AI 규제를 최소화하여 해외 기업과 인재를 적극 유치하고 있는 점이나, EU가 미국 AI 공룡들의 침투를 막기 위한 강력한 규제의 한계를 인식하고 2025년부터 규제 완화로 방향을 튼 것과 달리 우리나라는 세계에서 AI 관련 규제가 가장 강력한 나라로 악명이 높다. AI 학습에 필요한 데이터 확보 및 활용을 어렵게 하는 강력한 개인정보보호법을 비롯하여, 2026년 1월부터 시행되는 'AI 기본법'의 규제도 우려할 만한 수준이다. 정부는 최소한의 규제라고 말하지만, 고영향 인공지능 및 생성형 인공지능의 안전성과 투명성 확보 의무, 고영향 인공지능과 관련한 사용자의 책무로서 위험 관리 방안 수립 · 운영, 이용자 보호 방안의 수립 · 운영, 고영향 인공지능에 대한 사람의 관리 · 감독 책무는 AI 스타트업이나 중견기업은 물론이고 대기업에도 부담스럽다. 대규모 데이터센터 건설과 유지에 필수인 전력 공급 관련 규제도 마찬가지다. 우리 정부의 '전력계통영향평가'는 다른 나라에는 없는 규제로서 AI 투자를 어렵게 할 수 있다. '국회증

언법'에 따라 국회가 요구하면 영업 비밀도 제출해야 하고, 증인으로 채택된 기업인은 해외 체류 중이라도 화상으로 출석해야 한다는 한국의 디지털 플랫폼 규제에 대해서도 주한미국상공회의소가 강도 높은 우려를 표명했다(장은지, 2025).

국내의 정치적 불안과 불확실성도 해외 AI 기업들의 국내 투자를 어렵게 하는 걸림돌이 되고 있다. 정치권의 외국 기업과 대기업에 대한 부정적 정서, 여 · 야간 극한 대립과 갈등, 계엄령 선포와 대통령 탄핵 등 정치적 불확실성 때문에 아시아의 AI 허브 건설을 위해 투자와 협력을 하려던 해외 주요 기업들이 일본이나 대만, 베트남 등으로 발길을 돌리는 '코리아 패싱' 현상이 발생하고 있다.

## AI 제국주의 시대의 생존 전략

유럽이나 일본과 마찬가지로 우리나라도 AI 제국주의 질서에서 중심부로 들어가느냐 주변부로 밀려나느냐의 갈림길에 서 있다. 한번 삐끗해서 AI 식민지로 전락하면 다시 회복할 기회는 영원히 없을 수도 있다. 가장 중요한 것은 정부의 정책이다. 민간 시장의 자율을 중시하는 미국도 AI만큼은 정부가 직접 나서고 있다. 실제로 미국은

AI를 핵무기만큼 중요한 전략자산으로 보고, 핵무기를 개발했던 맨해튼 프로젝트에 비견될 만큼 막대한 국가 역량을 AI에 투자하고 있다. 일본이나 EU도 정부 차원의 강력한 AI 정책을 추진하고 있기는 마찬가지다.

우리 정부도 산업 정책을 통한 압축성장과 정보화 정책을 통한 선진국 진입의 경험을 바탕으로 AI 정책 추진에 적극 나서기는 마찬가지다. 2025년 2월 제3차 국가인공지능위원회는 국가 가용 자원을 총동원하여 우리나라를 AI 3대 강국(AI G3)으로 만들겠다는 계획을 발표했다. 세계 최고 AI 모델 개발을 목표로 '국가대표 AI팀' 선발 및 데이터 · GPU · 연구비 전폭 지원, AI 최고 인재 경진대회인 '글로벌 AI챌린지' 개최 및 글로벌 AI프론티어랩 확대, 2026년 상반기까지 고성능 GPU 1만 8000장 확보, 민간 투자 활성화를 위한 세제 지원 및 입지 · 전력 제도 개선, 민간 수요가 높은 비정형 원본 데이터와 공공데이터 활용 확대와 양질의 제조 · 산업 데이터 대폭 확충, 2027년까지 AI 유니콘 5개 육성과 중소기업의 AI 활용률 50%를 목표로 제조 AI 전문기업 100개 집중 지원, 2025년에 AI 정책금융 5조 7000억 원 지원과 산업별 · 업종별 선도 프로젝트 추진 등이 핵심 내용이다(국가인공지능위원회, 2025).

2025년 6월 4일 출범한 이재명 정부도 대통령실에 'AI 미래기획수석'을 신설하고 민간기업 네이버에서 AI 개발을 총괄하던 40대 전문가를 임명했다. 또한 과학기술정보통신부 장관에 LG AI 연구원장, 중소벤처기업부 장관에 네이버 CEO 출신 인사, 국무조정실장에 LG 글로벌전략개발원장을 각각 지명하는 파격을 선보였다. 민간기업에서 초거대 언어모델(LLM)을 비롯한 AI 개발과 사업화를 전담하던 민간 전문가들을 대통령 최측근 수석비서관과 주무 부처 장관으로 대거 지명한 것은 역대 어느 정부에서도 보기 드문 일이다. 이는 대통령이 AI 경쟁력 강화를 최우선 정책 과제로 설정하고, 현장 경험이 풍부한 최고의 전문가들을 최전선에 포진시켜, 대규모 투자를 바탕으로, 강력한 AI 정책을 직접 챙기겠다는 강력한 의지를 표명한 것으로 볼 수 있다.

정부의 AI 정책에서 가장 중요한 전략은 선택과 집중이다. 미국이나 중국의 물량 공세에 따라갈 수 없는 우리로서는 가능성 있는 분야와 기업에 집중 지원하여 대표선수로 키우는 것이 필요하다. 일본이나 프랑스가 선택과 집중 전략으로 단기간에 AI 유니콘인 '사카나AI'나 '미스트랄AI'을 키워 낸 사례를 본받을 만하다. 규제 문제에서도 일본이나 유럽의 사례를 참고하여 경성 규제보다는 연성 규제, 강제 규제보다는 자율 규제, 사전 규제보다는 사후 규제를 통해서 AI기업이나 스타트업들의 활동상 족쇄를 최소화하는 조치가 필요하다.

정부와 기업이 함께 노력하여 AI 생태계를 만들어 주는 것도 필요하다. 초거대AI 파운데이션 모델과 이 모델 위에서 움직일 수 있는 산업별 · 업종별 · 기관별 특화 AI 모델, 그리고 다양한 사용자 집단이 연결된 생태계가 필요하다. 이를 위해서 우리나라의 토종 파운데이션 모델은 필수다. 미국과 중국의 AI 공룡들이 세계시장을 겨냥해 만드는 파운데이션 모델과 경쟁하기는 쉽지 않겠지만, 우리말과 글을 잘 이해하고, 우리의 정서와 문화, 전통과 관습을 잘 이해하며, 우리의 상황과 맥락을 잘 이해하는 토종 파운데이션 모델을 사수해야 한다. 네이버와 다음이 검색 포털 시장을 사수하고, 카카오가 SNS 시장을 사수했기 때문에 그 위에서 전자상거래, 금융, 게임, 오락, 교육, 웹툰, 음악 등 모든 장르의 산업이 발전할 수 있었던 것과 같은 이치다.

해외 AI 기업들의 국내 투자 유치와 더불어 우리 기업들의 해외 진출도 적극 모색해야 한다. 미국과 중국의 AI 패권 전쟁에서 틈새시장은 반드시 존재한다. 이미 네이버가 일본과 동남아의 SNS 시장을 공략한 경험도 갖고 있다. 초거대 AI 모델을 개발할 능력이 없는 동남아시아 등을 대상으로 경량·특화 AI 모델과 서비스를 개발하여 제공하는 것이다. 특히 우리의 강점인 제조, 금융, 콘텐츠, 공공서비스, 전자상거래 등 업종별 경량·특화 AI 모델을 만들어 해외시장을 적극 공략할 필요가 있다. 한류와 AI를 결합한 해외시장 진출도 적극 고려해야 한다. 이런 차원에서 우리 AI 스타트업들이 일본 시장에 적극 진출하고 있고, 동남아 시장까지 진출하려고 노력하는 점은 매우 적절하다. 정부 차원의 적극 지원뿐만 아니라 대기업들의 지원도 필요하다. 이미 네이버에서 일부 시도하고 있는 것처럼 AI 거대언어모델을 만들고 있는 대기업에서 적극적인 오픈소스 전략으로 이들 기업에 기술 공유와 이전을 해 줄 필요가 있다.

과거 우리의 먹거리가 자동차, 조선, 반도체였다면 앞으로는 AI가 될 것이다. AI를 잃어버리면 현재뿐만 아니라 미래까지 잃어버린다. AI 제국주의 시대를 살고 있는 지금 우리는 자주와 독립을 지키느냐 지배와 종속 상태로 떨어지느냐의 갈림길에 서 있다. 자유와 권리를 향유하는 행복한 AI 시민이 되느냐 억압과 착취에 시달리는 AI 노예가 되느냐도 지금 우리의 노력에 달려 있다.

## 참고문헌

국가인공지능위원회(2025.2.20). 국가 가용자원 총동원하여 대한민국 AI G3 도약 지원. 제3차 국가인공지능위원회 보도자료.

과학기술정보통신부(2024). 2024 지능정보화에 관한 연차보고서.

봉강호(2025). 글로벌 초거대 AI 모델 현황분석(2024년 조사). 《Issue Report》, 소프트웨어정책연구소.

심민관(2025.3.3). "딥시크 일군 건 인재...韓 AI 연구인력 中 20분의 1 수준". 《조선비즈》. https://economychosun.com/site/data/html_dir/2025/02/28/2025022800014.html

이해인(2024.10.11.). AI 모델 수 세계 3위 한국..."정부 주도해 '국가대표' 만들자". 《조선일보》. https://www.chosun.com/economy/tech_it/2024/10/10/G7PUWBL5BFA2DLDJYQWATTRXPY/

장은지(2025.1.4). 일본, AI로 디지털 패권 노린다... 정치불안 한국은 '패싱' 우려. 《동아일보》. https://www.donga.com/news/Economy/article/all/20250104/130786160/2

정보통신기획평가원(2024). 생성형 AI 결합한 하이브리드 검색엔진 시대로 진입 가속. 《IITP ICT Brief》. 2024-39호.

황치규(2025.1.29). 챗GPT, 한국 월간사용자수 1,092만명으로 역대 최고치. 《Digital Today》. https://www.digitaltoday.co.kr/news/articleView.html?idxno=563876

BCG(2024.11). The AI Maturity Matrix. https://web-assets.bcg.com/fe/61/6962e74b44328f148c8a9ac1002d/ai-maturity-matrix-nov-2024.pdf

CSET(2023.4). The Main Resource in the Human: A Survey of AI Researchers on the Importance of Compute. https://cset.georgetown.edu/publication/the-main-resource-is-the-human/

HAI(2024.11). The Global AI Vibrancy Tool 2024. Stanford University Human-Centered Artificial Intelligence.

IMD(2024). World Digital Competitiveness Ranking 2024. https://www.imd.org/centers/wcc/world-competitiveness-center/rankings/world-digital-competitiveness-ranking/

OECD(2024). 2023 OECD Digital Government Index. https://www.oecd.org/en/publications/2023-oecd-digital-government-index_1a89ed5e-en.html

Portulans Institute(2025). Benchmarking the Future of the Network Economy. https://networkreadinessindex.org/countries/

Tortoise(2024). The Global AI Index. https://www.tortoisemedia.com/data/global-ai#rankings

## 윤상오

단국대학교 공공인재대학 공공정책학과 교수다. 한양대학교에서 행정학 박사학위를 받았다. 한국전산원(現 한국지능정보사회진흥원) 선임연구원(2001.4~2005.8)을 거쳐 2005년 9월부터 단국대학교에 재직 중이다. 대통령 소속 국가정보화전략위원회 전자정부전문위원회 위원, 국무조정실 정부업무평가위원회 위원, 국토교통부·과학기술정보통신부 SOC-ICT 협의회 정책분과위원장, 개인정보보호위원회 개인정보보호수준 평가단원, 충남도청 정책자문위원, 전국LINC3.0사업단협의회 회장, 충남 지역문제해결플랫폼 집행위원, 단국대학교 교수학습개발센터장, 현장실습지원센터장, LINC3.0사업단장, 산학협력융합대학장 등을 역임했다. 주요 저서로 《빅데이터와 위험정보사회》(커뮤니케이션북스, 공저), 《빅데이터 시대의 기회와 위험》(나남, 공저), 《스마트 시대의 위험과 대응방안》(나남, 공저), 《데이터 사회의 명암》(한울아카데미, 공저), 《AI와 공공데이터》(커뮤니케이션북스) 등이 있다. 주요 논문으로는 "공공데이터 개방정책의 실태분석: 공공데이터 포털의 국가중점데이터 개방사례를 중심으로"(2019), "인공지능 알고리즘이 유발하는 차별 방지방안에 관한 연구"(2022), "코로나19 재난과 정보격차의 관계에 관한 연구"(2023), "증거기반정책에서 생성형 인공지능(AI)의 활용 기능·성과 한계"(2024) 등이 있다.